COURS CLASSIQUE ET RAISONNÉ

DE

LANGUE FRANÇAISE

COURS CLASSIQUE ET RAISONNÉ DE LANGUE FRANÇAISE

ET LIVRES D'EXERCICES

PAR ADR. GUERRIER DE HAUPT

1° Enseignement élémentaire.

GRAMMAIRE ÉLÉMENTAIRE (1re partie de la grammaire complète). 1 vol. in-12, cart. 1 fr.

DICTÉES GRAMMATICALES, avec *Exercices analytiques* et *orthographiques*, servant d'application à la *Grammaire Élémentaire*. — Ouvrage entièrement composé de pensées morales et de citations intéressantes, empruntées aux meilleurs auteurs. 1 vol. in-12, cart. 1 fr.

(Ce dernier ouvrage est sous presse.)

2° Enseignement supérieur et professionnel.

GRAMMAIRE COMPLÈTE, comprenant : 1re partie, *Grammaire élémentaire*; — 2e partie, *Grammaire complémentaire*, avec Méthode d'*analyse logique*, Traité de la *ponctuation*, et APPENDICE, ayant pour objets : les principales Difficultés des *acceptions* et de la *synonymie*, le Corrigé des *locutions vicieuses*, et les Difficultés de la *prononciation*. 1 fort. vol. in-12.

NOTA. La 2e partie de la grammaire complète paraîtra incessamment, ainsi que les ouvrages suivants, qui sont tous terminés, et que des prospectus annonceront à MM. les Instituteurs, aussitôt qu'ils seront mis en vente.

DICTÉES LITTÉRAIRES, avec *Études grammaticales* sur les principales difficultés de la Langue française. — *Morceaux choisis* pour la *lecture* et la *récitation*, et pour servir à l'éducation *religieuse*, *morale* et *littéraire*, dans les écoles supérieures et les institutions de demoiselles. 1 fort vol. in-12.

MODÈLES ET CORRIGÉS des *Études grammaticales* annexées aux dictées littéraires. — *Livre-guide* du maître et des élèves, et *Manuel d'examen* grammatical pour les aspirants et les aspirantes au brevet de capacité, et pour les candidats aux écoles du Gouvernement. 1 vol. in-12.

EXERCICES SYNTAXIQUES, composés exclusivement de citations en prose et en vers, avec *Questionnaire*, pour servir d'application à la *grammaire complémentaire*. — Ouvrage donnant la solution des difficultés de la langue, *par la pratique des Auteurs français*. 1 fort. vol. in-12.

3° Enseignement préparatoire.

ALPHABET GRAMMATICAL. — *Premiers Exercices d'orthographe*, avec simples *Notions pratiques*, pour servir d'introduction à l'étude de la grammaire. 1 vol. in-12.

PETIT VOCABULAIRE ORTHOGRAPHIQUE DES HOMONYMES, avec *Exercices de dictées orales* ou *écrites*, pour apprendre aux enfants à épeler ou à écrire les mots homonymes d'après leur signification. 1 vol. in-12.

Paris. Imprimerie PILLET FILS AÎNÉ, rue des Grands-Augustins, 5.

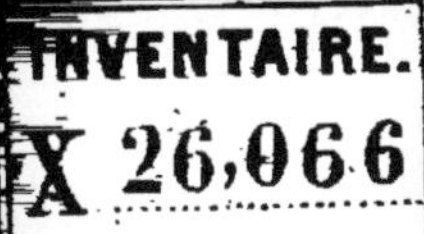

[illegible]QUE ET RAISONNÉ

DE

LANGUE FRANÇAISE

AVEC QUESTIONNAIRE

OUVRAGE APPROPRIÉ, D'APRÈS UNE MÉTHODE NOUVELLE ET SIMPLIFIÉE,
A TOUS LES DEGRÉS DE L'ENSEIGNEMENT

PAR ADR. GUERRIER DE HAUPT
Ancien Directeur d'École Normale
Membre titulaire de l'Athénée des Arts, Sciences et Belles-Lettres de Paris
Membre correspondant de diverses Sociétés savantes

PREMIÈRE PARTIE

GRAMMAIRE ÉLÉMENTAIRE

AVEC

MÉTHODE D'ANALYSE GRAMMATICALE ET TRAITÉ DE L'ORTHOGRAPHE D'USAGE

« La Grammaire est la logique des enfants. » J. L. BURNOUF.

PARIS
LIBRAIRIE CLASSIQUE DE CH. FOURAUT
RUE SAINT-ANDRÉ-DES-ARTS, 47.

1861

COURS CLASSIQUE ET RAISONNÉ

DE

LANGUE FRANÇAISE

AVEC QUESTIONNAIRE

OUVRAGE APPROPRIÉ, D'APRÈS UNE MÉTHODE NOUVELLE ET SIMPLIFIÉE,
À TOUS LES DEGRÉS DE L'ENSEIGNEMENT

PAR ADR. GUERRIER DE HAUPT
Ancien Directeur d'École Normale
Membre titulaire de l'Athénée des Arts, Sciences et Belles-Lettres de Paris
Membre correspondant de diverses Sociétés savantes

PREMIÈRE PARTIE

GRAMMAIRE ÉLÉMENTAIRE

AVEC

MÉTHODE D'ANALYSE GRAMMATICALE ET TRAITÉ DE L'ORTHOGRAPHE D'USAGE

« La Grammaire est la logique des enfants. » J. L. BURNOUF.

PARIS
LIBRAIRIE CLASSIQUE DE CH. FOURAUT
RUE SAINT-ANDRÉ-DES-ARTS, 47.

1861

Tout exemplaire non revêtu de la signature de l'auteur sera réputé contrefait.

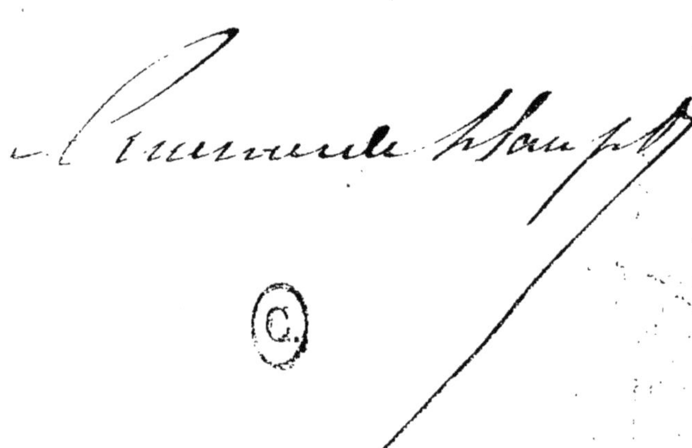

N. B. Cet ouvrage se trouve aussi chez l'auteur. Écrire *franco*, rue Saint-André-des-Arts, 47, à Paris. Les lettres non affranchies ne seront pas reçues.

A TOUS LES INSTITUTEURS

UN MOT SUR L'ENSEIGNEMENT GRAMMATICAL

Ce cours de langue française a été rédigé sur un plan tout-à-fait nouveau, de manière à convenir également aux écoles de tous les degrés ; il comprend, sans parler des livres d'Exercices, deux parties formant ensemble une grammaire complète (1).

La première partie, désignée sous le titre de *grammaire élémentaire*, suffira aux besoins de l'enseignement dans la plupart des écoles primaires, et devra dispenser les élèves, assez âgés pour commencer l'étude de la grammaire, de faire usage de ces livres d'une utilité fort contestable, que l'on appelle *abrégés*.

Qui n'a été à même de remarquer que les abrégés de grammaire ont pour inconvénient d'effleurer toutes les questions, même des questions de syntaxe, et de ne donner rien de complet, rien, conséquemment, qui satisfasse la raison de l'enfant, ni qui soit propre à le guider sûrement dans la pratique? De plus, après des années passées quelquefois à feuilleter un abrégé, ceux des élèves qui ont à recevoir une instruction plus développée, sont contraints d'étudier de nouveau dans un autre livre tout ce qu'ils ont déjà vu, et peut-être revu jusqu'à satiété.

De là, chez le plus grand nombre, le dégoût pour un enseignement où il leur semble, non sans raison, qu'ils ne font aucun pas en avant.

Cependant, par suite de certaines lacunes que présentent les grammaires complètes, même les plus répandues, elles ne peuvent guère être employées à l'exclusion des abrégés, soit dans le début de cet enseignement, soit, encore bien moins, pour servir aux élèves qui n'ont à consacrer à leur instruction qu'un temps trop restreint pour étudier toute la grammaire.

En effet, les règles principales et divers principes dont la connaissance est indispensable pour les exercices d'orthographe et d'analyse, ne s'y trouvent exposés que dans la seconde

(1) On verra, par l'examen de cet ouvrage et par le compte rendu qui en est fait ici, qu'il est totalement différent du *Nouveau Cours de grammaire française, d'après les principes de l'Académie*, publié en 1841 par le même auteur, et destiné spécialement aux Écoles normales. Celui-ci, sans avoir moins d'importance, est plus en rapport, par sa méthode, avec les convenances habituelles et générales de l'enseignement dans toutes les écoles.

partie : il s'ensuit que ceux des élèves qui ne pourraient point arriver jusque-là seraient forcément privés de les apprendre, tandis que les autres, ceux qui devraient recevoir une instruction plus complète, attendraient trop longtemps pour acquérir une foule de notions essentielles, qui ont à chaque instant leur application dans les phrases.

Pour obvier aux inconvénients de l'une et de l'autre de ces alternatives, la première partie de ce Cours s'est donc écartée, sous certains rapports, de la marche habituellement suivie dans les grammaires complètes, dont elle diffère en ce qu'elle a emprunté à la syntaxe les règles générales, et tout ce que l'on a besoin de connaître le plus tôt possible, soit au point de vue de l'orthographe, soit pour comprendre les opérations de l'analyse grammaticale.

Quant à ce qui est des notions lexicologiques, concernant les éléments du langage et leurs modifications orthographiques, cette même partie contient, sans aucune restriction, toutes les théories utiles, que les abrégés n'offrent que tronquées, et, par cela même, insuffisantes ou erronées.

Ainsi, avec cette méthode, il n'y a point à revenir inopportunément en arrière ; le même livre sert à l'élève pour commencer l'étude de la grammaire, et pour la continuer, s'il y a lieu, jusqu'à la fin. Mais, au moins, ceux qui n'auront eu moyen d'apprendre que la première partie du Cours, possèderont-ils des connaissances qui, pour être seulement élémentaires, seront, en ce sens, aussi complètes que possible, et dont ils sauront faire l'application aux besoins les plus usuels et aux cas les plus fréquents.

En vue de cette dernière destination, il a été fait de la grammaire élémentaire, pour l'usage des écoles primaires et des classes de commençants, un volume distinct, terminé par une méthode d'analyse grammaticale, et par un traité de l'orthographe d'usage, particulièrement relatif à la dérivation, à la réduplication des consonnes et aux finales homonymes.

L'exactitude rigoureuse des définitions, jointe à leur simplicité, deux qualités non-seulement compatibles, quoi qu'on en dise, mais dont la seconde suppose nécessairement la première ; — la forme concise et la précision des règles, dans le but d'épargner le travail de la mémoire au profit du raisonnement ; — la clarté des diverses théories, rendues accessibles aux plus jeunes intelligences ; — la netteté de l'exposé, l'enchaînement des questions et leur ordre méthodique, nécessaires pour en saisir la portée et l'ensemble : telles sont les premières conditions que l'on s'est proposé de réunir dans cet ouvrage, pour arriver non plus à faire apprendre péniblement la grammaire aux enfants, mais à la leur faire étudier avec intérêt, en la leur faisant comprendre sans effort.

Telles sont aussi les seules conditions, moyennant lesquelles peut s'effectuer cette prescription si judicieuse d'une circulaire ministérielle, qui veut que « L'étude de la langue maternelle produise dans les écoles des résultats sérieux au point de vue de la formation du jugement (1). » Ainsi, la grammaire sera bien réellement, suivant l'heureuse expression d'un savant professeur : *la logique des enfants*, ou mieux encore : la logique de l'instruction primaire.

Dans la seconde partie du Cours, nommée *grammaire complémentaire et syntaxe*, sont traitées toutes les difficultés pratiques et analytiques de la langue, sans toutefois que jamais l'enseignement dégénère en subtilités oiseuses ou en considérations systématiques. C'est là aussi que trouvent leur place, avec les développements propres à en assurer la juste application, toutes les règles particulières et les exceptions aux règles générales données dans la première partie; tous les principes enfin que l'on est tenu d'observer, quand il est besoin que le langage ne soit pas seulement conforme aux lois de l'orthographe, mais qu'il porte en outre ce cachet de pureté et de goût, dénotant un esprit cultivé, et que donne une bonne éducation.

Cette seconde partie est destinée aux classes supérieures dans les institutions, les colléges, les écoles professionnelles, et dans tous les établissements qui ont su conserver à l'enseignement du français l'importance qui lui appartient si légitimement. Toutes les questions y sont raisonnées et envisagées de telle sorte qu'il ne puisse rester sur chaque objet aucun doute dans l'esprit, et que le professeur ne se voie jamais dans la nécessité, souvent fâcheuse, soit de combler une lacune, soit de rectifier une erreur.

En un mot, la grammaire complémentaire, où chaque règle est accompagnée d'un grand nombre de citations empruntées à nos meilleurs écrivains, forme une étude véritablement attrayante du génie de notre belle langue française, de ses nombreux idiotismes, des constructions particulières qui font son élégance et sa précision, qualités auxquelles elle doit sa supériorité incontestée et la faveur dont elle jouit universellement.

Or, on comprendra sans peine quelle est l'absolue nécessité de ce genre d'étude, préalablement à toute espèce de travail ou d'essai littéraire. « Si les mots constituent le corps des langues, a dit Ozanam, la grammaire en est l'âme. »

---

(1) Circulaire de M. Rouland, du 18 novembre 1858.

Ainsi considéré, l'enseignement grammatical, si l'on a soin de l'accompagner de bonnes et solides lectures, est la plus efficace préparation à l'art d'écrire; c'est même, sans contredit, pour l'instruction primaire ou professionnelle, ce qui, sous un nom plus modeste, constitue la partie fondamentale, la plus vraie et la plus féconde en résultats, de cette branche de l'enseignement que l'on a décorée du titre, souvent plus pompeux que sincère, de rhétorique française.

Un dernier mot sur cet ouvrage : de quelque jugement qu'il soit l'objet, toujours est-il du moins qu'on ne saurait lui contester ni le mérite d'être consciencieux, ni aucune des garanties de l'expérience.

Disons encore que, pour la commodité des maîtres et des élèves, on trouve formulé, au bas de chaque page, un questionnaire relatif aux matières qui y sont contenues, et que, comme surcroît d'utilité, il a été ajouté, sous forme d'*appendice*, à la grammaire complémentaire, trois traités pratiques ayant pour objets : les principales difficultés des acceptions et de la synonymie, le corrigé des locutions vicieuses et les difficultés de la prononciation. Ces traités se recommandent à l'attention des Étrangers et des Gens du monde.

Puisse ce livre, en facilitant la tâche du maître et celle des élèves, contribuer à rendre l'enseignement grammatical aussi intéressant qu'il est utile, sous le double rapport de la pratique de la langue et du développement intellectuel !

Puissent aussi les Instituteurs comprendre bien que, suivant la direction intelligente qui lui est donnée, l'étude de la grammaire est, de toutes celles dont se compose l'instruction primaire, la plus capable de suppléer en partie aux avantages de l'éducation littéraire proprement dite, et, en apprenant à tous à parler la même langue, d'effacer moralement les inégalités les plus choquantes dans les relations sociales!

Enfin, et ceci est un souhait tout intime, souhait qui vient du cœur et qui sera entendu, je l'espère, et reçu de même, puissent tous les instituteurs qui furent mes élèves-maîtres, et qui dirigent aujourd'hui une partie des écoles du Gers, de la Somme et de la Marne, reconnaître dans ce livre, et accueillir avec la même confiance qu'autrefois, la parole amie et toujours dévouée à leur œuvre et à eux, de leur ancien directeur

ADR. GUERRIER DE HAUPT.

COURS CLASSIQUE ET RAISONNÉ

DE

LANGUE FRANÇAISE

PREMIÈRE PARTIE

GRAMMAIRE ÉLÉMENTAIRE

CHAPITRE PRÉLIMINAIRE.

NOTIONS GÉNÉRALES.

1. — La *Grammaire* est l'art qui enseigne à parler et à écrire correctement.

Parler et écrire correctement, c'est exprimer ses pensées au moyen de mots, conformément aux règles que l'usage a établies.

2. — Les *mots* sont des signes qui servent à représenter nos idées. Ils sont formés de lettres dans le langage écrit, et de sons dans le langage parlé ; Ex. : *Dieu, père, mère, bon, sage, aimer, obéir.*

3. — Un assemblage de mots exprimant une pensée ou un jugement, se nomme *proposition* et quelquefois *phrase* ; Ex. : *Dieu est bon. Soyez sages. Aimez votre père et votre mère.*

4. — Les *lettres* sont des signes qui servent à représenter les sons de la parole et à former les mots.

5. — Il y a, dans l'*alphabet* français, *vingt-cinq lettres*, que l'on divise en *voyelles* et en *consonnes*.

6. — On compte *six* voyelles : *a, e, i, o, u, y*. Ces let-

QUESTIONNAIRE.

1. Qu'est-ce que la grammaire ? — 2. Qu'est-ce que les mots ? — 3. Qu'appelle-t-on proposition ? — 4. Qu'est-ce que les lettres ? — 5. Combien y a-t-il de lettres dans notre alphabet et comment les divise-t-on ? — 6. Combien de voyelles, et pourquoi sont-elles ainsi nommées ?

tres sont appelées *voyelles*, parce qu'elles forment un son par elles-mêmes, et qu'elles peuvent se prononcer sans le secours d'autres lettres.

7. — Les autres lettres de l'alphabet se nomment *consonnes*, parce qu'on ne peut les prononcer que jointes aux voyelles. Il y a *dix-neuf* consonnes : *b, c, d, f, g, h, j, k, l, m, n, p, q, r, s, t, v, x, z.*

8. — On distingue différentes sortes de voyelles :

1° Des voyelles *brèves*, c'est-à-dire qui se prononcent rapidement ; Ex. : *Bal, dette, pile, bol, butte ;*

2° Des voyelles *longues*, c'est-à-dire qui se prononcent lentement ; Ex. : *Mât, gras ; Fête, serre ; Gîte, cire ; Pôle, mort ; Flûte, ruse ;*

3° Des voyelles *nasales*, c'est-à-dire qui se prononcent du nez, et s'écrivent avec une voyelle suivie de *n* ou de *m*, pour former les sons *an, en, in, on, un ;* Ex. : *Antre, encre, ambre ; Lin, pain, faim, thym ; Bon, ombre ; Alun, parfum ;*

4° Des voyelles *composées*, c'est-à-dire formées de deux voyelles qui se prononcent en ne faisant entendre qu'un seul son, comme *ai, ei, eu, au ;* Ex. : *Mai, graine, peine, reine, feu, étau.*

Par opposition à ces dernières voyelles, les lettres *a, e, i, o, u, y,* employées seules pour représenter un son, sont appelées voyelles *simples*.

9. — On distingue aussi trois sortes d'*e* :

1° L'*e muet*, dont le son est peu sensible et quelquefois nul ; Ex. : *Demande, arbre, lie, joue, soie, chapeau ;*

2° L'*e fermé*, que l'on prononce en rapprochant les lèvres ; Ex. : *Bonté, vérité, assez, boulanger, estimer ;*

3° L'*e ouvert*, que l'on prononce en écartant les lèvres ; Ex. : *Père, succès, jouet, cruel, amer.*

10. — L'*e* prononcé comme *a, i,* devant *n, m,* se nomme *e équivalent ;* Ex. : *Lent, temple, femme, examen, européen.*

11. — La voyelle *y* a généralement la valeur de deux *i*, dans le corps d'un mot, après une voyelle ; — partout ail-

---

7. Qu'est-ce que les consonnes et combien y en a-t-il ? — 8. Quelles sont les différentes sortes de voyelles ? — 9. Combien de sortes d'*e* ? — 10. Qu'appelle-t-on *e* équivalent ? — 11. Quelle est la valeur de l'*y* ?

leurs, *y* a le son d'un seul *i*; Ex. : *Royaume, pays, rayon; Ypréau, hypocrite, jury, martyr, nymphe.*

12. — Quelquefois l'*y*, après une voyelle, a la valeur d'un ï marqué d'un tréma, et se prononce comme *ï*, dans *faïence, baïonnette;* Ex. : *Mayence, Bayonne, Bayard, bayadère.*

13. — La consonne *h*, au commencement des mots, est muette ou aspirée. Elle est :

1° *Muette*, quand elle n'a aucune valeur dans la prononciation, et que les mots commençant par cette lettre se prononcent comme s'ils commençaient par une voyelle; Ex : L'*homme*, les *hommes;* Cet *habit*, ces *habits;* J'*honore*, nous *honorons;*

2° *Aspirée*, quand elle fait appuyer sur la voyelle qui la suit, et qu'elle empêche la liaison du mot qu'elle commence avec le mot précédent; Ex. : Le *hameau*, les *hameaux;* Ce *héros*, ces *héros*; Je *hais*, nous *haïssons*.

Il faut dire, en séparant les deux mots : *Les-hameaux, ces-héros, nous-haïssons.*

14. — On appelle *syllabes*, les parties dont un mot se compose, et que l'on prononce distinctement les unes des autres. — La syllabe est nommée ainsi, parce que, quand elle est formée de plusieurs lettres, ces lettres se prononcent ensemble ou en une seule émission de voix. — La syllabe est quelquefois formée d'une seule lettre, qui est alors une voyelle; ainsi, *a-mi* a deux syllabes, *u-ni-vers* en a trois, *u-ti-le-ment* en a quatre.

15. — Deux voyelles réunies dans une même syllabe et faisant entendre deux sons distincts, forment une *diphthongue;* ainsi, *ia, ui, oi, oin, ou,* sont des diphthongues, c'est-à-dire des sons doubles, qu'il ne faut pas confondre avec les voyelles composées, lesquelles ne forment que des sons simples; Ex. : *Diamant, appui, loi, besoin, genou.*

16. — On appelle *monosyllabes*, les mots formés d'une seule syllabe, — et *polysyllabes*, ceux qui sont formés de

---

12. Comment l'*y* se prononce-t-il quelquefois après une voyelle? — 13. Quand la lettre *h* est-elle muette ou aspirée? — 14. Qu'appelle-t-on syllabe? — 15. Qu'est-ce qu'une diphthongue? — 16. Qu'est-ce que les monosyllabes et les polysyllabes?

plusieurs; Ex. : *Loup*, *main*, *bord*, *rang*, *le*, *la*, *les*; — *Jardin*, *arbre*, *logement*, *appartement*.

DIVISIONS PARTICULIÈRES DES MOTS.

17. — Il y a en français *dix sortes* particulières de mots, que l'on appelle aussi, parties du Discours, parce que, de leur assemblage, on forme les propositions et les phrases, dont se compose le langage. — Les dix sortes de mots sont : le *substantif* (ou le *nom*), l'*article*, l'*adjectif*, le *pronom*, le *verbe*, le *participe*, l'*adverbe*, la *préposition*, la *conjonction* et l'*interjection*.

Observations. Pour que les élèves soient mis plus tôt à même de reconnaître et de distinguer les mots dont se compose une phrase, il a paru convenable de donner ici, par anticipation, les définitions des dix sortes de mots, définitions dont chacune sera toutefois répétée en tête du chapitre consacré à l'espèce de mots qu'elle concerne.

Les observations que l'on trouvera ainsi insérées dans les pages et qui sont en petits caractères, ne sont point toutes destinées à être apprises par les élèves. Le maître appréciera quelles sont celles qu'il conviendra de leur faire apprendre.

18. — Le *substantif* est un mot qui sert à nommer une personne ou une chose; Ex. : *Adam*, *Paris*, *homme*, *cheval*, *maison*.

19. — A l'exception des noms qui distinguent entre eux, soit les hommes, soit les villes, on reconnaît qu'un mot est substantif, lorsqu'on peut le faire précéder de *le*, *la*, *les*, *un*, *une*, *des*; Ex. : Le *cheval*, la *maison*, les *amis*, un *homme*, une *femme*, des *enfants*.

20. — On appelle *article*, les mots *le*, *la*, *les*, *au*, *du*, *aux*, *des*, qui se mettent devant un substantif, pour annoncer qu'il désigne tous les êtres semblables ou des individus déterminés; Ex. : *Le cheval* est un animal utile; *Les hommes* sont mortels; — Craignez *les amis* qui vous flattent.

21. — L'*adjectif* est un mot qui s'ajoute au substantif, pour en modifier le sens par une idée de qualité, de précision ou de généralité; Ex. : *Bon* père, livre *utile*; — *Mon* ami, *cette* maison; — *Chaque* citoyen, *aucune* loi.

22. — On reconnaît qu'un mot est adjectif, lorsqu'on

---

17. Combien y a-t-il de sortes de mots? — 18. Qu'est-ce que le substantif? — 19. Comment le reconnaît-on? — 20. Qu'appelle-t-on article? — 21. Qu'est-ce que l'adjectif? — 22. Comment reconnaît-on qu'un mot est adjectif?

peut le joindre aux substantifs *personne* ou *chose*, *homme* ou *objet*; — Ex. : Personne *aimable*, chose *utile*, homme *savant*, objet *curieux*, *cette* personne, *cette* chose.

23. — Le *pronom* est un mot qui s'emploie au lieu du nom, pour désigner une personne ou une chose. — On le reconnaît en ce qu'il peut représenter un objet sans indiquer sa nature ni sa qualité; Ex. : Prenez *ceci*; Laissez *cela*; *Elle* est partie; *Il* reviendra; C'est *lui*; Ce sont *eux*.

24. — Le *verbe* est un mot qui s'ajoute au substantif ou au pronom, pour exprimer qu'une chose est, a été ou sera; Ex. : Je *chante*, tu *écoutes*, il *parle*, on *vient*, ma sœur *chante*.

25. — On reconnaît qu'un mot est verbe, lorsqu'il peut être précédé des pronoms *je*, *tu*, *il*, *elle*, *on*, *nous*, *vous*, *ils*, *elles*.

26. — Le *participe* est un mot qui vient du verbe et qui s'emploie comme un adjectif, en s'ajoutant au substantif pour le modifier par une idée d'action ou d'état; Ex : Une femme *lisant*, une histoire *lue*; Des élèves *écrivant*, des lettres *écrites*.

Les participes *lisant* et *lue* viennent du verbe *lire*; *écrivant* et *écrites* viennent du verbe *écrire*.

27. — L'*adverbe* est un mot qui s'ajoute au verbe, à l'adjectif ou à un autre adverbe, pour en modifier le sens; Ex. : Il parle *beaucoup*, il parle *peu*; Il est *plus* instruit, il est *moins* instruit; Elle écoute *très*-attentivement, *assez* attentivement.

28. — La *préposition* sert à unir deux mots dont le second complète le sens du premier; Ex. : Le temps *de* l'étude; Soumis *à* ses parents; Dîner *avec* un ami.

29. — La *conjonction* est un mot qui sert à joindre deux propositions, ou deux termes semblables d'une même proposition; Ex. : Vous serez estimé *si* vous êtes honnête; Aimez votre père *et* votre mère.

30. — L'*interjection* est un mot qui s'ajoute à une pro-

---

23. Qu'est-ce que le pronom? — 24. Qu'est-ce que le verbe? — 25. Comment reconnaît-on un verbe? — 26. Qu'est-ce que le participe? — 27. Qu'est-ce que l'adverbe? — 28. Qu'est-ce que la préposition? — 29. Qu'est-ce que la conjonction? — 30. Qu'est-ce que l'interjection?

position, pour exprimer plus vivement une pensée, un sentiment ou une sensation; Ex. : *Oh!* que j'ai eu peur! *Ah!* quel bonheur! *Hélas!* combien je vous plains!

DIVISIONS GÉNÉRALES DES MOTS.

31. — Considérés quant à leurs terminaisons, les mots se divisent en deux sortes :

1° En mots *variables*, c'est-à-dire ayant une terminaison susceptible de changements; Ex. : Ce beau cheval, *ces beaux chevaux;* Il recevra la récompense promise, *ils recevront les recompenses promises;*

2° En mots *invariables*, c'est-à-dire ayant toujours la même terminaison; Ex. : Travaillez *avec beaucoup de* zèle, *mais ne* comptez *pas sur* un succès *trop* prompt.

32. — Les mots variables sont : le *substantif*, l'*article*, l'*adjectif*, le *pronom*, le *verbe* et le *participe*.

Les mots invariables sont : l'*adverbe*, la *préposition*, la *conjonction* et l'*interjection*.

OBSERVATION. On verra dans la suite quels sont les mots qui, bien que appartenant à des espèces variables, sont cependant invariables.

33. — Tous les mots peuvent se classer, d'après leurs analogies d'emploi, en trois divisions principales, savoir :

1° Les *dénominatifs*, servant à désigner des objets, et comprenant le substantif et le pronom;

2° Les *modificatifs*, se joignant à d'autres mots pour les modifier ou en indiquer le sens, et comprenant l'article, l'adjectif, le verbe, le participe, l'adverbe, et de plus l'interjection, qui modifie une proposition;

3° Les *conjonctifs*, employés pour unir deux mots ou deux propositions, et comprenant spécialement la préposition et la conjonction.

SIGNES ORTHOGRAPHIQUES.

OBSERVATION. Il y a nécessité de parler ici des signes orthographiques, parce qu'il doit en être fréquemment question dans les chapitres qui vont suivre.

34. — On appelle *orthographe*, l'art et la manière d'écrire correctement les mots et les phrases.

---

31. Comment divise-t-on les mots d'après la nature de leurs terminaisons? — 32. Quels sont les mots variables et quels sont les mots invariables? — 33. Comment les mots se divisent-ils d'après leurs analogies d'emploi? — 34. Qu'appelle-t-on orthographe?

35. — Dans l'orthographe des mots, on distingue :

1° L'orthographe *grammaticale*, qui s'apprend par les règles de la grammaire, et qui concerne particulièrement les terminaisons des mots variables ;

2° L'orthographe *d'usage*, nommée ainsi, parce que l'on ne peut guère la connaître autrement que par l'usage, c'est-à-dire par la lecture et l'observation ; elle concerne la partie des mots qui est invariable, et qui n'est point soumise aux règles de la grammaire.

(Voir le chapitre XII, à la fin de la grammaire élémentaire.)

36. — On appelle *orthographiques*, certains signes qui, outre les lettres, font quelquefois partie de l'orthographe des mots, et servent à en indiquer la prononciation ou le sens.

37. — Les signes orthographiques sont les *accents*, *l'apostrophe*, la *cédille*, le *tréma* et le *trait d'union*.

38. — Il y a *trois* accents :

1° L'accent *aigu*, qui se met sur l'*é* fermé terminant une syllabe ; Ex. : *Bonté*, *vérité*, *aménité*, *député*, *célérité* ;

2° L'accent *grave*, qui se met sur l'*è* ouvert terminant une syllabe, ou sur le son *ès* à la fin d'un polysyllabe ; Ex. : *Père*, *pièce*, *fidèle*, *procès*, *succès* ;

L'accent grave ne se met jamais sur l'e terminant une syllabe, lorsque la syllabe suivante n'est pas muette.

3° L'accent *circonflexe*, qui se place sur la plupart des voyelles longues ; Ex. : *Pâtre*, *fête*, *île*, *pôle*, *flûte*, *maître*, *croître*, *jeûne*, *ragoût*.

39. — L'accent grave et l'accent circonflexe se mettent en outre sur diverses voyelles, pour indiquer le sens de certains mots, qu'ils servent le plus souvent à distinguer de leurs homonymes, c'est-à-dire de mots semblables par la prononciation, mais d'une signification différente. Ainsi l'on écrit :

1° Avec l'accent grave, les adverbes *là*, *où*, *çà*, marquant le lieu ; *à*, préposition ; *celui-là*, *celle-là*, *ceux-là*, *voilà*, *déjà*, *delà*, *oui-dà*, et les prépositions *près*, *dès* ; Ex. : Je

---

35. Qu'est-ce que l'orthographe grammaticale et l'orthographe d'usage ? — 36. Que nomme-t-on signes orthographiques ? — 37. Quels sont ces signes ? — 38. Combien y a-t-il d'accents et où se placent-ils ? — 39. Où se mettent encore l'accent grave et l'accent circonflexe ?

vais *là; Où* allez-vous? Pardonner *à* quelqu'un; *Près* de sortir; *Dès* le matin;

2° Avec l'accent circonflexe, les adjectifs *mûr* (en maturité), *sûr* (certain), et *dû, crû, mû*, participes de *devoir, croître, mouvoir*, quand l'*u* n'est suivi ni d'un *e* ni d'une *s*; Ex. : Un fruit *mûr;* Rendez à chacun ce qui lui est *dû;* La rivière a *crû* pendant la nuit.

40. — L'*apostrophe* sert à remplacer les voyelles *a*, *e* muet, *i*, que l'on supprime à la fin de certains mots, lorsque le mot suivant commence par une voyelle ou une *h* muette; Ex. : *L'épée*, pour *la* épée; *L'homme*, pour *le* homme; *S'il* vient, pour *si* il vient.

Cette suppression de la voyelle finale d'un mot se nomme *élision.*

41. — On élide, devant une voyelle ou une *h* muette:

1° *A*, à la fin du mot *la;* Ex. : *L'âme, l'histoire*, pour *la* âme, *la* histoire; Je la respecte et je *l'aime*, pour je *la* aime;

2° *E* muet, à la fin de *le, je, me, te, se, ce, de, ne, que;* Ex. : *L'ami, l'homme*, pour *le* ami, *le* homme; *J'estime* et *j'honore* le courage, pour *je* estime, *je* honore.

Observation. L'élision a toujours lieu devant une voyelle pour l'article *le, la;* mais quand ces deux mots sont pronoms, signifiant *lui, elle*, ils ne sont sujets à l'élision que devant un verbe.

42. — On supprime encore l'*e* muet:

1° A la fin de *quelque, entre, presque, jusque*, dans les mots composés *quelqu'un, entr'acte, entr'ouvrir, s'entr'aider, presqu'île, jusqu'ici, jusqu'à,* — et à la fin de *grande*, dans ces sortes d'expressions : *grand'mère, grand'messe, grand'chose, grand'faim, grand'soif, grand'peur*, etc. ;

2° A la fin des conjonctions composées de *que*, devant les mots *il, elle, on, un, une;* Ex. : *Lorsqu'*il parle; *Quoiqu'*elle refuse; *Pourvu qu'*on vienne; *De même qu'*un ami.

43. — La voyelle *i* s'élide dans *si*, devant *il, ils;* Ex. : *S'il* vient, pour *si* il vient; *S'ils* viennent, pour *si* ils viennent.

44. — La *cédille* se place sous le *ç*, pour en adoucir la

---

40. Qu'est-ce que l'apostrophe? — 41. A la fin de quels mots élide-t-on *a, e*, devant une voyelle? — 42. Dans quels autres cas supprime-t-on encore l'*e* muet final ? — 43. Quand s'élide la voyelle *i*? — 44. Où se place la cédille ?

prononciation devant *a*, *o*, *u*; Ex. : *Façade*, *menaçant*; *Garçon*, *j'aperçois*; *Reçu*, nous *reçûmes*.

45. — Le *tréma* se met sur les voyelles *ë*, *ï*, *ü*, pour les faire prononcer séparément de la voyelle qui précède : Ex. : *Ciguë*, *poëme*, *naïf*, *aïeul*, *héroïque*, *Saül*, *Antinoüs*.

Dans *ïambe*, *ïambique*, le tréma se met sur la première voyelle, parce que la seconde est un *a*.

46. — Le *trait d'union* sert à joindre deux mots qui n'en font qu'un par le sens, ou qui se prononcent comme n'en faisant qu'un; Ex. : *Chef-lieu*, *demi-heure*; *Répondez-moi*, *allez-y*, *venez-vous?*

47. — On met le trait d'union:

1° Entre les mots dont l'assemblage forme ce que l'on nomme des mots composés; Ex. : *Chou-fleur*, *arc-en-ciel*, *nouveau-né*, *tout-puissant*, *quelques-uns*, *contre-mander*;

2° Devant les pronoms *je*, *moi*, *tu*, *toi*, *il*, *elle*, *nous*, *vous*, *le*, *la*, *les*, *lui*, *leur*, *en*, *y*, *on*, lorsque ces mots sont placés après le verbe; Ex. : *Parlerai-je? rends-toi; part-il? prenez-le; répondez-lui; cueillez-en; allez-y; vient-on?*

3° Devant et après le *t*, que l'on met quelquefois entre le verbe et les pronoms *il*, *elle*, *on*, et qui s'appelle *t* euphonique, parce qu'il sert à adoucir la prononciation; Ex. : *Viendra-t-il? Aura-t-elle* fini? *Aime-t-on* les paresseux?

4° Devant le mot *même*, précédé des pronoms *moi*, *toi*, *soi*, *lui*, *elle*, *nous*, *vous*, *eux*; Ex. : *Moi-même*, *lui-même*, *nous-mêmes*, *eux-mêmes*;

5° A la place du mot *et*, sous-entendu entre deux nombres dont le premier exprime des dizaines; Ex. : *Dix-huit*, *vingt-cinq*, *trente-six*, *soixante-dix-neuf*;

6° Entre *ci*, *là*, et les mots avec lesquels ils forment une seule expression; Ex. : *Celui-ci*, *celui-là*, *ci-joint*, *ci-dessus*, *là-haut*.

Dans ces trois derniers cas, les mots joints par le trait d'union forment des mots composés. — Enfin, le trait d'union se place après l'adverbe *très*; ainsi, *Très-bien*, *très-bon*.

48. — La première lettre d'un mot doit être *majuscule* :

1° Lorsque ce mot est un substantif propre ou employé

---

45. Où met-on le tréma? — 46. A quoi sert le trait d'union? — 47. Où se met-il? — 48. Quand emploie-t-on la majuscule?

*

comme tel (on verra tout à l'heure, dans le chapitre suivant, quels sont les substantifs que l'on nomme ainsi); Ex. : *Dieu, Adam, Paris*, la *Seine;* L'*Envie* est fille de l'*Enfer;*

2° Lorsque c'est un mot employé pour désigner Dieu; Ex : Le *Créateur*, la *Providence*, l'*Éternel*, le *Très-Haut*, le *Seigneur;*

3° Au commencement d'une phrase, d'un vers ou d'une citation; Ex. : *Dieu* dit : « *Que* la lumière soit, » et la lumière fut.

Heureuse, heureuse l'enfance
Que le Seigneur instruit et prend sous sa défense. (RACINE.)

OBSERVATION. On emploie encore quelquefois la majuscule au commencement d'un mot, soit pour signaler ce mot à l'attention, soit pour établir certaines divisions dans un sujet.

SIGNES DE PONCTUATION.

49. — Outre les signes orthographiques, qui concourent avec les lettres à l'orthographe des mots, il y a aussi d'autres signes qui servent à l'orthographe des phrases, et qu'il faut savoir employer pour écrire correctement; ce sont les signes de *ponctuation*.

50. — L'usage ordinaire des signes de ponctuation, c'est de marquer les divisions du discours et la distinction des sens, quelquefois même le sens général d'une phrase, et les pauses que l'on doit faire en lisant.

51. — Il y a dix signes de ponctuation, savoir:

1° Le *point* (.), qui se met à la fin d'une phrase dont le sens est complet et achevé;

2° Le *point-virgule* (;), qui sépare ordinairement deux parties principales d'une phrase;

3° Les *deux-points* (:), qui s'emploient devant une citation, ou lorsque le sens est suspendu;

4° La *virgule* (,), qui sert à séparer les parties semblables d'une proposition ou les propositions semblables;

5° Le point d'*interrogation* (?), qui se met à la fin d'une phrase interrogative;

---

49. Quels sont les signes qui servent à l'orthographe des phrases? — 50. Quel est en général l'usage des signes de ponctuation? — 51. Quels sont ces signes et quel est sommairement l'emploi de chacun?

6° Le point d'*exclamation* (!), qui se place après une interjection et à la fin d'une phrase exclamative;

7° Les *guillemets* (« »), qui se mettent au commencement et à la fin d'une citation ;

8° Le *tiret* (—), qui s'emploie dans un dialogue, pour marquer un changement d'interlocuteur ;

9° Les points de *suspension* (...), qui annoncent ordinairement un sens inachevé ou interrompu;

10° La *parenthèse* (()), servant à renfermer certaines réflexions non indispensables au sens de la phrase.

Observation. Un chapitre spécial, à la fin de la syntaxe, a pour objet de faire connaître en détail les divers cas où s'emploie chacun des signes de ponctuation; cependant il a semblé convenable d'en parler ici sommairement, tant à cause des élèves qui devront étudier seulement la grammaire élémentaire, que pour donner à tous une première connaissance de ces signes, dont ils ont, dès le début, à faire usage dans les exercices de dictées.

DIVISIONS GÉNÉRALES DE LA GRAMMAIRE.

52. — La grammaire considère les mots :

1° Dans leur nature et dans leurs propriétés ou leurs modifications;

2° Dans leurs rapports entre eux et dans leur assemblage pour former des phrases.

De là, deux divisions de la grammaire, en général : la *lexicologie* et la *syntaxe*.

Observation. Les modifications des mots dépendant le plus souvent de leurs rapports, il est difficile ou plutôt impossible de donner la raison des unes sans parler des autres.

D'une autre part, la grammaire élémentaire, qui forme la première partie de ce Cours, étant destinée à suffire à l'enseignement des écoles primaires, n'a pu se borner aux notions exclusivement lexicologiques; elle a dû comprendre toutes les règles générales qui servent d'explication aux modifications orthographiques des mots, et de plus les principes concernant leurs diverses fonctions dans la phrase, fonctions dont l'analyse grammaticale est tenue de rendre compte.

Ainsi, ce qui est réservé, dans ce livre, à la syntaxe, c'est de compléter les règles générales en faisant connaître les exceptions et les règles particulières; c'est aussi de donner la solution des difficultés grammaticales, soit syntaxiques, soit même lexicologiques.

Cette méthode, qui paraît être la plus conforme aux conditions de l'enseignement grammatical dans les écoles, a fait adopter pour les deux parties, les dénominations suivantes :

1re Partie, *grammaire élémentaire ;*
2e Partie, *grammaire complémentaire et syntaxe.*

---

52. Comment la grammaire considère-t-elle les mots, et quelles sont les deux divisions naturelles de la grammaire, en général? — Quelles sont les deux parties qui forment les divisions de ce cours?

CHAPITRE PREMIER.

DU SUBSTANTIF.

53. — Le *substantif* (dont la définition a déjà été donnée) est un mot qui sert à nommer une personne ou une chose. — Le substantif est aussi appelé *nom;* Ex. : *Adam, Eve, Paris, homme, cheval, maison.*

OBSERVATION. On a dit au nº 19 comment on reconnaît qu'un mot est substantif; il est à remarquer que le substantif, désignant les objets par leur nom, les fait connaître soit par leur nature, soit par leur qualité; d'où il suit que le même substantif ne peut s'appliquer à deux objets d'espèces différentes, ou de qualités différentes.

DIFFÉRENTES SORTES DE SUBSTANTIFS.

54. — Il y a deux sortes principales de substantifs : le substantif *commun* et le substantif *propre.*

55. — Le substantif *commun* est celui qui convient à tous les êtres semblables ou de la même espèce; Ex. : *Homme, soldat, cheval, maison.*

56. — Le substantif *propre* est celui qui convient à un seul individu; Ex. : *Adam, Paris,* la *France,* la *Seine.*

57. — Un nom de famille ou de peuple est un substantif propre, appartenant à plusieurs personnes, dont l'ensemble (famille ou peuple) forme ce que l'on appelle un individu collectif; Ex. : Les *Français,* les *Espagnols,* les *Guises,* les *Stuarts.*

OBSERVATION. Pour distinguer une personne de celles qui portent le même nom de famille, on ajoute ordinairement à ce nom un ou plusieurs prénoms, et, de cette réunion, on fait le nom propre ou particulier de la personne; c'est ainsi que l'on dit : *Jean-Baptiste Rousseau, Jean-Jacques Rousseau.* Aux noms de souverains ou de princes, on ajoute, pour le même motif, les nombres *premier, deux, trois,* etc.; ainsi, *Charles Ier, Henri IV.*

58. — On distingue aussi des substantifs *collectifs* et des substantifs *composés.*

---

53. Donnez la définition du substantif. — 54. Combien y en a-t-il de sortes principales? — 55. Qu'est-ce que le substantif commun? — 56. Qu'est-ce que le substantif propre? — 57. Qu'est un nom de famille ou de peuple? — 58. Quelles sortes de substantifs distingue-t-on encore?

59. — Le substantif *collectif* est celui qui sert à désigner un ensemble formé de la réunion d'individus semblables; Ex. : La *foule* des hommes; Le *peuple* français; Une *multitude* de soldats; Une *troupe* d'ennemis.

60. — Il y a deux sortes de collectifs :

1° Le collectif *général*, qui désigne une réunion formant un tout, ou comprenant la totalité des individus semblables; Ex. : La *foule* des humains; L'*armée* française; Le *peuple* anglais;

2° Le collectif *partitif*, qui désigne une réunion partielle, une partie d'une plus grande quantité; Ex. : Une *foule* de personnes; Un *troupeau* de moutons; Un *peuple* de marchands.

61. — Le plus souvent, les mots *le, la,* devant un collectif, indiquent qu'il est général; et *un, une,* qu'il est partitif.

62. — On appelle substantif *composé*, celui qui est formé de plusieurs mots équivalents à un seul, et ordinairement joints ensemble par le trait d'union; Ex. : Un *chef-lieu*, une *demi-heure*, un *arc-en-ciel*.

GENRE ET NOMBRE.

63. — Les substantifs ont deux propriétés particulières : le *genre* et le *nombre*.

64. — Le *genre* est la propriété qui sert à distinguer entre eux les noms d'hommes et ceux de femmes, les noms d'animaux mâles et ceux d'animaux femelles; Ex. : *Le père, la mère; Le frère, la sœur; Le lion, la lionne.*

Dans ces substantifs, le genre est différent suivant la différence du sexe de l'individu nommé.

65. — Il y a deux genres :

1° Le *masculin*, qui appartient aux noms d'hommes ou d'animaux mâles, et, par convention, à tous les substantifs que l'on fait précéder de *le, un*; Ex. : *Le père, le frère, un lion; — Le tableau, le clocher, un jardin;*

---

59. Qu'est-ce que le substantif collectif? — 60. Combien y en a-t-il de sortes? — 61. A quoi reconnaît-on ordinairement l'un et l'autre? — 62. Qu'est-ce qu'un substantif composé? — 63. Quelles sont les deux propriétés des substantifs? — 64. Qu'est-ce que le genre? — 65. Combien y en a-t-il? Qu'est-ce que le masculin? Qu'est-ce que le féminin?

2° Le *féminin*, qui appartient aux noms de femmes ou d'animaux femelles, et, par convention, à tous les substantifs devant lesquels on met *la*, *une* ; Ex. : *La mère*, *la sœur*, *une lionne* ; — *La table*, *la cloche*, *une maison*.

Observation. Beaucoup de noms d'animaux désignent, sous le même genre, le mâle et la femelle ; alors, pour suppléer à la distinction des genres, on dit, par exemple : Un éléphant *mâle*, un éléphant *femelle* ; Une girafe *mâle*, une girafe *femelle* ; Un chardonneret *mâle*, un chardonneret *femelle* ; Un papillon *mâle*, un papillon *femelle* ; Une carpe *mâle*, une carpe *femelle*.

Il y a des substantifs sur le genre desquels on est quelquefois exposé à se tromper, et qui donnent lieu à des locutions vicieuses ; voici, pour ces substantifs, deux listes que l'on fera bien de consulter :

1° Sont *masculins* les substantifs suivants :

Abîme, acabit, acrostiche, adage, aide (*celui qui aide*), affront, âge, ais, albâtre, alvéole, amadou, amalgame, ambe, ambre, amiante, amidon, anachronisme, anathème, anchois, angle, anniversaire, antidote, antipode, antre, apogée, apologue, armistice, atome, auditoire, augure, aune (*arbre*), auspice, autel, automate. — Centime, cigare, cloporte, concombre, crabe. — Décombres (*plur.*). — Échange, éclair, ellébore, éloge, embauchoir, emblème, émétique, emplâtre, empois, entre-côtes, épiderme, épilogue, épisode, épithalame, équinoxe, érysipèle, esclandre, escompte, espace (*étendue*), etage, évangile, exorde. — Girofle. — Héliotrope, hémisphère, hémistiche, héritage, horoscope, hortensia, hospice, hôtel. — Incendie, indice, interligne, interstice, intervalle, inventaire, isthme, ivoire. — Jaspe, julep. — Légume, leurre, limbe, losange. — Mânes (*plur.*), midi, monticule. — Obélisque, obstacle, obus, office (*service divin*, *emploi*), omnibus, ongle, onguent, opprobre, orage, orbe, orchestre, organe, orifice, otage, ouvrage, ovale. — Panache, parallèle (*comparaison*), paraphe *ou* parafe, pendule (*poids de balancier*), période (*point le plus élevé*), pétale, platine, pourpre (*maladie*). — Quadrille, quine. — Rebours, remise (*voiture*), renne (*animal*). — Sarigue, squelette, socque. — Ulcère, ustensile.

2° Sont *féminins* :

Accolade, agrafe, aide (*assistance*), aire, alarme, alcôve, amnistie, amorce, anagramme, ancre, anecdote, antichambre, apothéose, après-dînée, après-midi, après-soupée, arabesques (*plur.*), argile, armoire, arrhes (*plur.*), artère, atmosphère, aune (*mesure*), avalanche. — Guiller. — Drachme, dinde. — Ebène, écaille, écarlate, éclipse, échappatoire, écritoire, écume, effigie, églogue, enclume, énigme, épice, épidémie, épigramme, épigraphe, épitaphe, épithète, épître, épopée, équerre, équivoque, espace (*terme d'imprimerie*), esquisse, estampe, estime, estrade, étable, étape, extase. — Fibre, fourmi. — Guide (*d'un cheval*). — Hart, horloge, hydre, hypothèque, hypothèse. — Idole, image, immondices (*plur.*), injure, insomnie, insulte. — Jujube. — Lagune, loque. — Moule (*poisson*). — Nacre. — Obsèques (*plur.*), ocre, office (*garde-manger*), offre, oie, omoplate, orbite, oublie (*pâtisserie*), ouïe, outre. — Parallèle (*ligne*), paroi, patère, perce-neige, pédale, période (*époque*, *phrase*), pourpre (*couleur*, *étoffe*), prémisses. — Réglisse, remise (*délai*, *lieu d'abri pour les voitures*), rêne (*d'un cheval*). — Stalle, sandaraque, sentinelle. — Ténèbres (*plur.*). — Varice.

66. — Le *nombre* est la propriété qu'ont les substantifs de désigner un seul ou plusieurs objets ; Ex. : *Le devoir, les devoirs ; Une leçon, des leçons.*

67. — Il y a deux nombres :

1° Le *singulier*, qui a rapport à un seul objet ; Ex. : *Le devoir, une leçon, le livre, un cahier ;*

2° Le *pluriel*, qui a rapport à plusieurs objets ; Ex. : *Les devoirs, des leçons, les livres, des cahiers.*

68. — On reconnaît habituellement qu'un substantif est du singulier, lorsqu'il est ou peut être précédé de *le, la, un, une, au, du ;* — et qu'il est du pluriel, lorsqu'il est ou peut être précédé de *les, aux, des.*

69. — Dans la plupart des substantifs, le pluriel se distingue du singulier par le changement de la terminaison ; Ex. : Le maître, *les maîtres ;* Un bateau, *des bateaux ;* Un cheval, *des chevaux.*

70. — Les substantifs terminés au singulier par *s, x, z,* sont invariables au pluriel, c'est-à-dire qu'ils s'écrivent de même aux deux nombres ; Ex. : Un tapis, *des tapis ;* Une croix, *des croix ;* Un nez, *des nez.*

FORMATION DU PLURIEL.

71. — Dans les substantifs variables, le pluriel se forme de trois manières, ou au moyen de trois terminaisons, qui sont *s, x, aux.*

72. — PREMIÈRE RÈGLE. La plupart des substantifs forment leur pluriel en prenant une *s* finale ; ce sont généralement ceux qui ne sont terminés au singulier ni par *au, eu,* ni par *al ;* Ex. : Un ami, *des amis ;* Une fleur, *des fleurs ;* Une table, *des tables.*

73. — DEUXIÈME RÈGLE. Les substantifs terminés au singulier par *au, eu,* prennent un *x* final au pluriel ; Ex. : Un anneau, *des anneaux ;* Un joyau, *des joyaux ;* Un neveu, *des neveux.*

---

66. Qu'est-ce que le nombre ? — 67. Combien y en a-t-il et quels sont-ils ? — 68. Comment reconnaît-on à quel nombre est un substantif ? — 69. Par quoi distingue-t-on le pluriel du singulier ? — 70. Quels sont les substantifs invariables au pluriel ? — 71. Quelles sont les trois manières de former le pluriel ? — 72. Quelle est la première règle pour la formation du pluriel ? — 73. Quelle est la deuxième ?

74. — Les sept noms en *ou : bijou, caillou, chou, genou, hibou, joujou* et *pou*, prennent aussi un *x* final au pluriel, et font : des *bijoux*, des *cailloux*, etc. — Les autres noms en *ou* prennent une *s :* des *clous*, des *verrous*, etc.

75. — EXCEPTION. Les substantifs *landau* et *bleu* prennent une *s* au pluriel, ainsi : des *landaus ;* des *bleus* de différentes nuances.

76. — TROISIÈME RÈGLE. Les substantifs terminés par *al* forment leur pluriel en changeant *al* en *aux;* Ex. : Un cheval, *des chevaux ;* Un signal, *des signaux.*

77. — Quelques noms en *ail* suivent cette troisième règle et changent, au pluriel, *ail* en *aux*. Ce sont les suivants : *bail, corail, émail, soupirail, vantail, vitrail,* qui font, *baux*, *émaux*, *soupiraux*, etc. — Les autres noms en *ail* font leur pluriel par *s :* des *éventails*, des *portails*, etc.

78. — EXCEPTION. Les substantifs *aval*, *bal, cal, carnaval, caracal, chacal*, *naval, nopal*, *pal, régal, serval, sandal* ou *santal* (bois des Indes), font leur pluriel avec une *s* finale : des *avals*, des *bals*, des *cals*, des *carnavals*, des *régals*, etc. — Le nom *cérémonial* n'a pas de pluriel.

79. — REMARQUE. Les noms *travail*, *ciel, œil, aïeul*, font leur pluriel de deux manières :

1° *Travail,* fait au pluriel, *travails,* pour signifier certains comptes ou rapports présentés par un inférieur à son chef, et certaines machines de bois servant à attacher les chevaux pour les ferrer. — Dans toute autre acception, il fait, *travaux.*

Le nom *ail* a aussi deux pluriels : *ails* et *aulx.*

2° *Ciel,* fait au pluriel, *cieux,* signifiant, le firmament, le séjour des bienheureux. — Il fait *ciels,* dans *ciels* de lit, *ciels* de tableaux, de carrière, etc., et dans le sens de température : Les *ciels* de l'Italie et de la Grèce sont les plus beaux du monde.

3° *Œil,* fait au pluriel, *yeux,* désignant l'organe de la vue ; on dit aussi : les *yeux* de la soupe, du pain, du fromage; les *yeux* de la vigne. — Il fait *œils,* seulement dans les noms composés, ainsi : des *œils de bœuf* (terme d'architecture), des *œils*

---

74. Quels sont les autres noms qui suivent cette règle ? — 75. Quels sont ceux qui y font exception ? — 76. Quelle est la troisième règle ? — 77. Quels sont les noms en *ail* qui suivent cette règle ? — 78. Quels sont ceux en *al* qui font exception ? — 79. Quel est le pluriel des noms *travail, ciel*, *œil*, *aïeul* ?

de chat, des *œils de serpent* (termes de lapidaire), des *œils de bouc* (sorte de coquillage), des *œils de chèvre* (sorte de graminée), des *œils de perdrix* (sorte de broderie et durillon aux pieds).

4° *Aïeul*, fait au pluriel, *aïeux*, dans le sens d'ancêtres, et *aïeuls*, pour signifier le grand-père paternel et le grand-père maternel; Ex. : C'était la mode chez nos *aïeux*; — Ses deux *aïeuls* sont morts la même année.

80. — Remarque. Le mot *aïeux* ne se dit qu'en parlant des ancêtres d'une famille illustre ou des générations dont un peuple descend ; dans tous les autres cas, on se sert du nom *ancêtres*.

81. — Autre remarque. Quoique l'usage autorise de supprimer le *t* au pluriel des noms polysyllabes terminés par *ant* ou *ent*, il est toujours préférable, à cause de l'étymologie, de le conserver ; le *t* final ne doit jamais se supprimer dans les monosyllabes ; Ex. : Des *enfants*, des *parents ;* Des *gants*, des *dents.*

Observation. Les règles pour la formation du pluriel dans les substantifs composés sont données en détail dans la syntaxe ; cependant, on va les indiquer ici sommairement pour les élèves qui n'auront à étudier que la grammaire élémentaire.

PLURIEL DES SUBSTANTIFS COMPOSÉS.

1° Un nom composé seulement de deux substantifs, ou d'un substantif et d'un adjectif, prend généralement la marque du pluriel aux deux mots : Un chef-lieu, *des chefs-lieux;* Une basse-cour, *des basses-cours;*

2° Un nom composé de deux substantifs joints par une préposition, prend la marque du pluriel au premier mot seulement : Un chef-d'œuvre, *des chefs-d'œuvre;* Un arc-en-ciel, *des arcs-en-ciel.*

3° Un nom composé d'un mot variable et d'un mot invariable, ne prend la marque du pluriel qu'au mot variable, pourvu encore que ce dernier soit un substantif ou un adjectif : Un avant-coureur, *des avant-coureurs;* Une basse-contre, *des basses-contre.*

4° Un nom composé qui ne renferme ni substantif ni adjectif, ne prend la marque du pluriel à aucun mot : Un passe-partout, *des passe-partout ;* Un on-dit, *des on-dit.*

---

80. Que remarque-t-on sur le mot *aïeux*? — 81. Et sur les noms terminés par *ant* ou *ent*? — Dites sommairement les quatre manières de former le pluriel dans les noms composés.

ÉTENDUE ET SIGNIFICATION DU SUBSTANTIF.

82. — La signification d'un substantif commun peut être plus ou moins étendue, suivant qu'il désigne toute une espèce d'êtres ou seulement des individus ; Ex. : Les *hommes* sont mortels ; Le *cheval* est un animal utile ; — Ces *hommes* se trompent ; Mon *cheval* est mort.

83. — Le substantif commun désigne une espèce, lorsqu'on parle de tous les êtres semblables ; tels sont *hommes* et *cheval*, dans les deux premiers exemples.

Il désigne, au contraire, des individus, lorsqu'on parle d'un seul objet ou bien de quelques êtres seulement de la même espèce ; tels sont les noms *hommes* et *cheval*, dans les deux derniers exemples.

84. — Désignant tous les êtres de la même espèce, le substantif commun est pris dans *toute son acception*, et conséquemment dans un *sens déterminé*, parce que, représentant alors une espèce particulière, il la distingue de toute espèce différente, de la même manière qu'un nom propre distingue un individu de tout ce qui n'est pas lui.

85. — Désignant des individus, le substantif commun est pris dans une *acception restreinte ;* alors il a tantôt un sens déterminé, tantôt un sens indéterminé.

86. — Il a un *sens déterminé*, lorsqu'il désigne des individus particuliers, c'est-à-dire lorsque les objets nommés sont distingués de ceux de la même espèce, au moyen d'une expression ajoutée au substantif ; Ex. : Mon *chapeau ;* Le *livre* de Paul ; Les *fruits* que j'ai cueillis.

87. — Il a un *sens indéterminé*, lorsque l'objet ou les objets nommés sont représentés d'une manière vague ou générale, sans aucune idée qui les précise ; Ex. : Se nourrir de *fruits ;* Une couverture de *livre ;* Une galerie pleine de *tableaux*.

---

82. Quelle peut être la signification d'un substantif commun ? — 83. Quand désigne-t-il une espèce ou seulement des individus ? — 84. Dans quel sens est pris le substantif désignant toute une espèce ? — 85. Quelle est l'acception et quel peut être le sens d'un substantif désignant des individus ? — 86. Quand a-t-il alors un sens déterminé ? — 87. Et quand a-t-il un sens indéterminé ?

88. — Le substantif propre a toujours un *sens déterminé*, parce que, de sa nature, il désigne un individu, en le distinguant de tous ceux de la même espèce ; Ex. : La *France* a pour capitale *Paris* ; *Pompée* fut vaincu par *César*.

OBSERVATION. Il résulte de là : 1° Qu'un nom propre d'individu et un nom propre d'espèce, c'est-à-dire un nom commun pris dans toute l'étendue de son acception, ont par eux-mêmes un sens déterminé, parce qu'ils désignent d'une manière précise soit un individu, soit une espèce entière ; 2° Qu'un nom commun ne désignant pas une espèce, mais seulement des individus, doit, pour avoir un sens déterminé, être accompagné de mots qui distinguent les individus nommés de tous ceux de la même espèce. — Quelquefois le déterminatif n'est pas exprimé, mais alors il est aisément suppléé par le sens général de la phrase, comme dans : La Seine traverse la *capitale*.

FONCTIONS DU SUBSTANTIF.

89. — Quant à sa fonction dans une phrase, le substantif peut s'employer de trois manières : comme *sujet*, comme *complément*, et quelquefois comme *modificatif*.

90. Le substantif est employé comme *sujet*, lorsqu'il désigne la personne ou la chose à laquelle se rapporte l'idée du verbe ; Ex. : Le *maître* parle ; L'*enfant* joue ; La *cloche* sonne.

91. — Le substantif est employé comme *complément* ou *régime*, lorsqu'il dépend d'un mot précédent, dont il sert à compléter ou à déterminer le sens ; Ex. : Le temps de l'*étude* ; Digne de *récompense* ; Chacun de ces *hommes* ; Étudier une *leçon* ; Aller à la *campagne* ; Surpris par l'*ennemi* ; Pendant l'*hiver*.

92. — Un substantif, comme on le voit par les exemples qui précèdent, peut être complément d'un autre substantif, d'un adjectif, d'un pronom, d'un verbe, d'un participe, d'une préposition.

93. — On distingue deux sortes de compléments :

1° Le complément *direct*, c'est-à-dire qui n'est point précédé d'une préposition ; Ex. : Étudier *une leçon* ; Aimer *ses parents* ; Secourir *les pauvres* ;

---

88. Dans quel sens est pris un substantif propre ? — 89. Quelles sont les fonctions du substantif dans une phrase ? — 90. Quand est-il employé comme sujet ? — 91. Quand est-il complément ? — 92. De quels mots un substantif peut-il être complément ? — 93. Combien y a-t-il de sortes de compléments ?

2° Le complément *indirect*, c'est-à-dire qui est joint par une préposition au mot dont il dépend ; Ex. : Aller *à la campagne ;* Profiter *de la leçon ;* Voyager *en Allemagne.*

94. — Le substantif est employé comme *modificatif*, lorsqu'il se rapporte à un autre substantif ou à un pronom, auquel il ajoute une idée qualificative ou explicative ; Ex. : Cet homme était *soldat*, il deviendra *général ;* Il est resté à Vienne, *capitale* de l'Autriche.

95. — Un substantif est dit *employé en apostrophe*, lorsqu'il sert à désigner nominativement la personne à qui l'on parle ; alors, il se rapporte comme modificatif ou explicatif à l'un des pronoms *tu, te, toi, vous*, exprimé ou sous-entendu ; Ex. : Vous, *mon ami*, restez ici ; Tu ne sais pas, *enfant*, ce que tu as coûté à ta mère.

CHAPITRE II.

DE L'ARTICLE.

96. — L'*article* est un mot qui se met devant les substantifs communs ayant un sens déterminé. — Il sert à faire prendre le substantif dans toute l'étendue de son acception, ou seulement à annoncer que le substantif a un sens déterminé ; Ex. : *Le magistrat* doit être l'esclave de *la loi ;* — Suivez *les conseils* de vos parents.

Dans le premier exemple, *magistrat* et *loi* sont précédés de l'article, parce que, étant pris dans toute l'étendue de leur acception, ils ont un sens déterminé. — Dans le second exemple, le mot *les* annonce seulement que *conseils* a un sens déterminé ; et ce qui en détermine et en restreint le sens, ce n'est point l'article, mais bien le complément, *de vos parents*.

97. — Les substantifs propres, à l'exception des noms d'hommes et de villes, prennent aussi l'article, qui alors se rapporte à un substantif commun sous-entendu ; Ex. : *La* France (*la contrée* appelée France) ; *Le* Rhin (*le fleuve* appelé Rhin); *Les* Alpes (*les montagnes* nommées Alpes).

OBSERVATION. Bien que, dans la pratique, il soit d'usage de faire rap-

94. Quand le substantif est-il employé comme modificatif ? — 95. Quand est-il employé en apostrophe, et à quoi se rapporte-t-il ? — 96. Qu'est-ce que l'article ? — 97. Quels sont les substantifs propres qui prennent l'article, et à quoi se rapporte-t-il ?

porter l'article au substantif propre devant lequel il est placé, il est bon de savoir que la signification essentiellement déterminée de ces substantifs, fait qu'ils n'ont aucun besoin de l'article comme signe de détermination; c'est pour cela que, dans la langue anglaise, les noms propres s'emploient tous sans article, et qu'en français la présence de l'article devant ces noms ne peut logiquement se justifier, qu'en le supposant en rapport avec un substantif commun sous-entendu.

98. — Il n'y a en français qu'un article; on le nomme, article *simple*, article *contracte*, ou article *élidé*.

99. — L'article *simple* est : au singulier, *le* pour le masculin, *la* pour le féminin, — et au pluriel, *les* pour les deux genres. — L'article prend le genre et le nombre du substantif auquel il est joint; Ex. : *Le* père, *la* mère, *les* frères, *les* sœurs.

100. — L'article *contracte* est : au singulier masculin, *au* mis pour *à le*, et *du* mis pour *de le*. Les mots *au*, *du*, s'emploient seulement devant une consonne ou une *h* aspirée. — Au pluriel, au lieu de, *à les*, *de les*, qui ne se disent pas, on emploie aux deux genres et dans tous les cas, l'article contracte, *aux*, *des*; Ex. : Obéir *au* maître; Profiter *du* beau temps; Parler *aux* élèves; Le séjour *des* champs.

101. — On appelle article *élidé*, *l'* mis pour *le*, *la*, dont on supprime la voyelle finale, devant un mot commençant par une voyelle ou un *h* muette; Ex. : *L'oiseau*, pour *le* oiseau; *L'homme*, pour *le* homme; *L'épée*, pour *la* épée; *L'histoire*, pour *la* histoire.

CHAPITRE III.

DE L'ADJECTIF.

102. — L'*adjectif* est un mot qui s'ajoute au substantif, pour en modifier le sens par une idée de qualité, de précision ou de généralité; Ex. : Le *bon* père, le livre *utile*; — *Mon* ami, *cette* maison; — *Quelques* volumes, *aucun* élève.

Observation. On a vu (nº 22) comment on reconnaît qu'un mot est adjectif.

---

98. Combien y a-t-il d'articles en français? — 99. Quel est l'article simple? — 100. Quel est l'article contracte? — 101. Qu'appelle-t-on article élidé? — 102. Qu'est-ce que l'adjectif?

DIFFÉRENTES SORTES D'ADJECTIFS.

103. — On distingue deux sortes principales d'adjectifs : l'adjectif *qualificatif* et l'adjectif *déterminatif*.

104. — Les adjectifs *qualificatifs* sont ceux qui ajoutent au substantif une idée de qualité ; Ex. : *Bon* père ; Livre *utile* ; Jardin *agréable*.

105. — Certains adjectifs qualificatifs s'emploient quelquefois *substantivement* pour désigner, en nommant leurs qualités, des personnes ou des choses ; alors ils sont précédés de l'article et ne sont pas joints à un substantif ; Ex. : *Les bons* sont souvent victimes *des méchants* ; Préférez *l'utile* à *l'agréable*.

Remarque. Bon nombre de substantifs qui désignent les objets en nommant leurs qualités, sont également susceptibles de s'employer *adjectivement* ; ils sont considérés comme adjectifs lorsque, n'étant point précédés de l'article, ils ont rapport à un substantif ou à un pronom ; Ex. : Joseph, *fils* de Jacob, fut *victime* de la jalousie de ses frères ; il fut nommé *intendant* du Pharaon, *roi* d'Egypte.

106. — Les adjectifs *déterminatifs* sont ceux qui modifient le substantif par une idée de précision ou de généralité.

Parmi ces adjectifs, les uns font prendre le substantif dans un sens restreint et en même temps déterminé ; les autres servent seulement soit à en restreindre, soit à en généraliser la signification ; Ex. : Honorez *votre* père et *votre* mère ; *ce* commandement vient de Dieu ; — J'ai acheté *dix* volumes, *quelques* volumes ; — *Chaque* créature rend hommage à l'Auteur de *toutes* choses.

107. — Les adjectifs, par la raison qu'ils ne servent point à désigner des objets, n'ont par eux-mêmes ni genre ni nombre.

Cependant, ils prennent le genre et le nombre du substantif auquel ils sont joints, et, pour marquer leur rapport avec ce substantif, on leur donne, pour la plupart, une

---

103. Combien y en a-t-il de sortes principales ? — 104. Qu'est-ce que les adjectifs qualificatifs ? — 105. Quand s'emploient-ils substantivement ? — Quand un substantif est-il employé adjectivement ? — 106. Qu'est-ce que les adjectifs déterminatifs ? — 107. Qu'y a-t-il à observer sur le genre et le nombre dans les adjectifs ?

terminaison différente, suivant que le substantif est du masculin ou du féminin, du singulier ou du pluriel. C'est ce que l'on appelle *faire accorder* l'adjectif avec le substantif; Ex. : *Un bon* père, *une bonne* mère; *Ce* principe *général, ces* principes *généraux*.

108. — Il y a quatre sortes d'adjectifs déterminatifs, que l'on nomme : *possessifs, indicatifs, numéraux* et *indéfinis*.

ADJECTIFS POSSESSIFS.

109. — Les adjectifs *possessifs* déterminent le sens du substantif par une idée de possession; Ex. : *Mon* jardin, *ta* maison, *vos* chevaux, c'est-à-dire le jardin *qui est en ma possession;* la maison *qui est à toi;* les chevaux *qui vous appartiennent.*

110. — Les adjectifs possessifs ont un double rapport, savoir :

1° Avec l'objet possédé, en ce qu'ils s'accordent avec le nom de cet objet, et qu'ils en prennent le genre et le nombre;

2° Avec le possesseur, dont ils marquent le nombre et la personne.

Dans les exemples, *Mon jardin, ta maison, vos chevaux,* signifiant, le jardin de *moi*, la maison de *toi*, les chevaux de *vous,* les choses possédées sont, *jardin, maison, chevaux;* les objets possesseurs sont, *moi*, *toi*, *vous*.

111. — Les adjectifs possessifs sont :

AU SINGULIER,

Masculin :	*mon,*	*ton,*	*son,*	*notre,*	*votre,*	*leur,*
Féminin :	*ma,*	*ta,*	*sa,*	*notre,*	*votre,*	*leur,*

AU PLURIEL,

Des 2 genres :	*mes.*	*tes.*	*ses.*	*nos.*	*vos.*	*leurs.*
Possesseur :	moi.	toi.	lui, elle.	nous.	vous.	eux, elles.

OBSERVATION. Ces mots devront être dits en suivant l'ordre vertical.

112. — REMARQUE. Par euphonie, c'est-à-dire pour la douceur de la prononciation, on emploie *mon, ton, son,* au

---

108. Combien y a-t-il de sortes d'adjectifs déterminatifs ? — **109.** Qu'est-ce que les adjectifs possessifs ? — **110.** Quel est leur double rapport? — **111.** Quels sont ces adjectifs? — 112. Quand emploie-t-on *mon, ton, son,* au féminin?

féminin, au lieu de *ma, ta, sa*, devant une voyelle ou une *h* muette; Ex. : *Mon âme*, pour *ma* âme; *Ton épée*, pour *ta* épée; *Son humeur*, pour *sa* humeur.

ADJECTIFS INDICATIFS.

113. — Les adjectifs *indicatifs* déterminent le sens du substantif, soit en montrant l'objet nommé, soit en tenant la place d'une idée qui le précise; Ex. : Voyez *ce* tableau; J'admire *ces* fleurs; — Ils sont venus à Paris pour visiter les monuments de *cette* ville, c'est-à-dire de la ville *de Paris*.

114. — Les adjectifs indicatifs sont:

Au singulier masculin, *ce, cet;* — au singulier féminin, *cette;* — au pluriel des deux genres, *ces*.

115. — Remarque. Au singulier masculin, on emploie *ce* devant une consonne ou une *h* aspirée, et *cet* devant une voyelle ou une *h* muette; Ex. : *Ce* village, *ce* hameau; *Cet* oiseau, *cet* homme.

116. — On dit cependant, en mettant *ce* devant une voyelle : *Ce* oui, *ce* un, *ce* onze, *ce* onzième, *ce* ah, *ce* oh.

Il en est de même pour l'article, qui n'est point soumis à l'élision dans, *le* oui, *le* un (nom d'un chiffre), *le* onze, *le* onzième, *la* ouate.

ADJECTIFS NUMÉRAUX.

117. — Les adjectifs *numéraux* sont ceux qui ajoutent au substantif une idée de quantité ou d'ordre; Ex. : *Trois* volumes, *dix* chapitres; — Le *troisième* volume, le *dixième* chapitre.

118. — On distingue deux sortes d'adjectifs numéraux :

1° Les adjectifs numéraux *cardinaux* ou *primitifs*, qui déterminent seulement la quantité; ils sont nommés ainsi, parce qu'ils servent à former les autres adjectifs numéraux et les noms de nombre; tels sont : *un* (signifiant un seul), *deux*, *trois*, *quatre*, *cinq*, *dix*, *vingt*, *cent*, etc.

2° Les adjectifs numéraux *ordinaux*, qui déterminent le

---

113. Qu'est-ce que les adjectifs indicatifs? — **114.** Quels sont ces adjectifs? — **115.** Quand emploie-t-on *ce* ou *cet*, au masculin? — **116.** Emploie-t-on quelquefois *ce* devant une voyelle? — **117.** Qu'est-ce que les adjectifs numéraux? — **118.** Combien en distingue-t-on de sortes?

sens du substantif par une idée d'ordre ou de rang, comme *premier*, *second* ou *deuxième*, *troisième*, *quatrième*, *cinquième*, *dixième*, *vingtième*, *centième*, etc., *dernier*.

A l'exception de *premier*, *second* et *dernier*, les adjectifs numéraux ordinaux sont tous terminés par *ième*, et sont formés des adjectifs numéraux cardinaux, ainsi que les noms de nombre, comme *dizaine*, *centaine*, etc.

ADJECTIFS INDÉFINIS.

119. — Les adjectifs *indéfinis* servent à restreindre ou à étendre la signification du substantif, en le faisant prendre dans un sens vague ou général; Ex. : *Quel* livre lisiez-vous? J'ai acheté *quelques* volumes, *plusieurs* volumes; — *Tout* citoyen doit respecter la loi; *Aucun* homme n'est exempt de souffrance.

120. — Les adjectifs indéfinis qui font prendre le substantif dans un sens vague et restreint, sont : *quel* (nommé aussi adjectif interrogatif), *quelque*, *quelconque*, *certain*, *un* (signifiant, certain), *maint*, *autre*, *l'autre*, *même*, *tel*, *plusieurs*.

121. — Ceux qui servent à faire prendre le substantif dans un sens général et dans toute son acception, sont : *chaque*, *aucun*, *nul*, *tout*.

Observation. Le substantif précédé de l'un de ces derniers adjectifs peut cependant avoir un sens restreint par un complément, de la même manière que le substantif précédé de l'article. Il est à remarquer que l'article pourrait être compris, non sans raison, parmi ces derniers adjectifs, avec lesquels il a la plus grande analogie, puisque, comme on l'a dit, il a aussi pour objet de faire prendre le substantif dans toute l'étendue de son acception.

FORMATION DU FÉMININ.

122. — Remarque. Quoique, dans la plupart des adjectifs, le féminin se forme par le changement de la terminaison, cependant les adjectifs qui finissent au masculin par un *e* muet, conservent la même terminaison au féminin; Ex. : Un jardin *agréable*, une maison *agréable*; Un livre *utile*, une lecture *utile*.

---

119. Qu'est-ce que les adjectifs indéfinis? — 120-121. Quels sont ceux qui font prendre le substantif dans un sens restreint, et ceux qui le font prendre dans toute son acception? — 122. Quels sont les adjectifs qui ont la même terminaison aux deux genres?

123. — Ce principe ne s'applique pas aux noms qualificatifs terminés par un *e* muet, et qui font généralement leur féminin en changeant *e* muet en *esse;* ainsi :

Ane, *ânesse;* bonze, *bonzesse;* chanoine, *chanoinesse;* comte, *comtesse;* diable, *diablesse;* druide, *druidesse;* hôte, *hôtesse;* maire, *mairesse;* maître, *maîtresse;* ogre, *ogresse;* pape, *papesse;* prêtre, *prêtresse;* prince, *princesse;* prophète, *prophétesse;* tigre, *tigresse;* traître, *traîtresse.*

Doge fait au féminin, *dogaresse,* ou (d'après Rivarol) *dogesse.* — *Borgne, ivrogne, mulâtre, nègre, drôle,* étant joints à un substantif, s'emploient pour les deux genres; autrement, ils font au féminin, *borgnesse, ivrognesse, mulâtresse, négresse, drôlesse.* — *Pauvre* et *poëte,* étant adjectifs, ne changent pas au féminin; mais, employés comme substantifs, ils font, *pauvresse, poétesse;* ces derniers mots ne se disent qu'en mauvaise part ou familièrement. — *Suisse,* appliqué aux choses, est des deux genres; mais appliqué aux personnes, il fait au féminin, *suissesse.*

On dit aussi, en formant le féminin d'une manière analogue : Abbé, *abbesse;* duc, *duchesse;* archiduc, *archiduchesse;* larron, *larronnesse;* paire, *pairesse;* dieu (du paganisme), *déesse.*

124. — Principe général. Les adjectifs forment leur féminin de quatre manières :

1° Par la seule addition d'un *e* muet final; Ex. : *Un grand* tableau, *une grande* table; *Un joli* bouquet, *une jolie* fleur;

2° Par l'addition d'un *e* muet, avec le redoublement de la consonne finale du masculin; Ex. : Un usage *ancien,* une coutume *ancienne;* Un supplice *cruel,* une souffrance *cruelle;*

3° Par l'addition d'un *e* muet, avec le changement de la consonne finale du masculin en une consonne équivalente, mais plus euphonique devant l'*e* muet; Ex. : Un habit *neuf,* une robe *neuve;* Un événement *heureux,* une affaire *heureuse;*

4° En remplaçant la terminaison masculine par *euse* ou par *rice;* Ex. : Un visage *trompeur,* une mine *trompeuse;* Le pouvoir *créateur,* la puissance *créatrice.*

125. — Première règle. On forme le féminin par la

---

123. Comment les noms qualificatifs terminés par *e* muet font-ils leur féminin? — 124. Quelles sont les quatre manières de former le féminin dans les adjectifs? — 125. Quelle est la première règle pour la formation du féminin?

seule addition d'un *e* muet final dans le plus grand nombre des adjectifs, et particulièrement dans ceux qui ne sont terminés au masculin ni par *el*, *eil*, *ien*, *éen*, *on*, *et*, — ni par *c*, *f*, *x*, — ni par *eur* ; Ex. : Le *petit* oiseau ; La *petite* cage ; Un enfant *soumis*, une fille *soumise* ; Un homme *poli*, une femme *polie*.

126. — REMARQUE. Les adjectifs terminés au masculin par *er*, font leur féminin en *ère*, en prenant un accent grave sur l'avant-dernier *e*, parce que, la dernière syllabe d'un mot étant muette, la pénultième ne doit jamais l'être ; Ex. : Un fruit *amer*, une amande *amère* ; Un caractère *altier*, une humeur *altière*.

Les adjectifs *aigu, ambigu, contigu, exigu,* prennent un tréma sur l'*e* final au féminin : *aiguë, ambiguë,* etc. Autrement, ils se prononceraient comme *figue*.

127. — EXCEPTION. Les adjectifs *long*, *malin*, *bénin*, *favori*, *coi*, *absous*, *dissous*, *tiers*, *frais*, font au féminin, *longue*, *maligne*, *bénigne*, *favorite*, *coite*, *absoute*, *dissoute*, *tierce*, *fraîche*.

C'est de cette forme féminine que viennent les dérivés, *longueur*, *malignité*, *bénignité*, *favoritisme*, *tiercement*, *fraîcheur*.

128. — DEUXIÈME RÈGLE. Les adjectifs terminés au masculin par *el*, *eil*, *ien*, *éen*, *on*, *et*, forment leur féminin par le redoublement de la consonne finale, avec l'addition d'un *e* muet ; Ex. : Cruel, *cruelle* ; pareil, *pareille* ; ancien, *ancienne* ; européen, *européenne* ; bon, *bonne* ; muet, *muette*.

129. — REMARQUE. Le féminin se forme de la même manière dans les adjectifs suivants : Bas, *basse* ; épais, *épaisse* ; gras, *grasse* ; gros, *grosse* ; las, *lasse* ; exprès, *expresse* ; profès, *professe* ; sot, *sotte* ; vieillot, *vieillotte* ; gentil, *gentille* ; nul, *nulle* ; paysan, *paysanne*.

130. — AUTRE REMARQUE. C'est aussi d'après la même règle que se forment les adjectifs féminins, *belle*, *nouvelle*, *folle*, *molle*, *vieille*, *cette*, qui viennent des adjectifs masculins, *bel*, *nouvel*, *fol*, *mol*, *vieil*, *cet*, que l'on emploie

---

126. Quelles remarques fait-on sur le féminin des adjectifs en *er* et en *gu* ? — 127. Quels adjectifs font exception à la première règle ? — 128. Quelle est la deuxième règle ? — 129-130. Quels autres adjectifs suivent cette règle pour la formation de leur féminin ?

ainsi devant une voyelle ou une *h* muette, au lieu de *beau, nouveau, fou, mou, vieux, ce.* — Par analogie, *jumeau* fait au féminin, *jumelle.*

131. — Exception. Les six adjectifs *complet, concret, discret, inquiet, replet, secret,* ne doublent pas le *t* final et font leur féminin en *ète : complète, inquiète, secrète,* etc.

132. — Troisième règle. Les adjectifs terminés au masculin par *c, f, x,* changent au féminin :

1° *C* en *che* ou en *que :* Blanc, *blanche ;* public, *publique ;*

2° *F* en *ve :* Neuf, *neuve ;* naïf, *naïve ;* bref, *brève ;*

3° *X* en *se :* Heureux, *heureuse ;* jaloux, *jalouse.*

133. — Exception. Les adjectifs *sec, grec,* font au féminin, *sèche, grecque.* Cette formation ne diffère de celle de la règle qu'en ce qu'elle a pour objet d'empêcher que la pénultième ne soit muette.

Doux, roux, faux, préfix, vieux (déjà cité), font au féminin, *douce, rousse, fausse, préfixe, vieille.*

134. — Quatrième règle. Dans les adjectifs en *eur,* on forme le féminin principalement de deux manières :

1° En changeant *eur* en *euse,* lorsque ces adjectifs ne viennent pas d'un mot en *tion,* et que l'on peut remplacer *eur* par *ant ;* Ex. : Menteur (mentant), *menteuse ;* Danseur (dansant), *danseuse ;*

2° En changeant *eur* en *rice,* dans ceux dont la terminaison *teur* ne peut se remplacer par *tant,* ou qui viennent d'un mot en *tion ;* Ex. : Bienfaiteur, *bienfaitrice ;* Créateur (création), *créatrice ;* Protecteur (protection), *protectrice ;* Inspecteur (inspection), *inspectrice ;* Inventeur (invention), *inventrice ;* Exécuteur (exécution), *exécutrice.*

135. — Remarque. Les adjectifs de comparaison *meilleur, majeur, mineur,* et tous ceux qui finissent par *érieur,* forment leur féminin d'après la première règle, en prenant un *e* muet final : *meilleure, majeure, mineure, inférieure, supérieure, extérieure,* etc.

---

131. Quels adjectifs en *et* font exception à cette règle ? — 132. Quelle est la troisième règle pour la formation du féminin ? — 133. Quels adjectifs font exception à cette règle ? — 134. Quelle est la quatrième règle ? — 135. Quels sont les adjectifs en *eur* qui suivent la première règle ?

136. — Exceptions. Quoique ne venant pas d'un mot en *tion*, et quoique pouvant remplacer la terminaison *eur* par *ant*, les adjectifs *bailleur*, *enchanteur*, *pécheur*, *vengeur*, font au féminin, *bailleresse*, *enchanteresse*, *pécheresse*, *vengeresse*.

Vendeur et *demandeur*, termes de procédure ; *chasseur*, employé dans le style poétique ou élevé, font aussi, *venderesse*, *demanderesse*, *chasseresse*. — Dans l'usage ordinaire, ils font, *vendeuse*, *demandeuse*, *chasseuse*.

Devineresse est le féminin de *devin* et non de *devineur*, qui fait, *devineuse*.

Chanteur fait au féminin, *cantatrice*, pour désigner une artiste en renom, une femme habile dans l'art du chant et qui l'exerce comme profession. Autrement, ce mot fait au féminin, *chanteuse*.

137. — Autres remarques. *Débiteur* fait son féminin régulièrement, de deux manières :

1° *Débiteuse*, venant de, débitant, qui débite : Une *débiteuse* de mauvaises nouvelles;

2° *Débitrice*, pour signifier, qui doit : Elle était ma *débitrice*.

138. — Les mots suivants, qui sont des substantifs qualificatifs, comme le sont du reste la plupart des mots en *eur* cités précédemment, font ainsi leur féminin : Ambassadeur, *ambassadrice* ; empereur, *impératrice* ; gouverneur, *gouvernante* ; serviteur, *servante*.

139. — Beaucoup de qualificatifs en *eur* ne changent pas de terminaison, lorsqu'on les joint à un substantif féminin ; tels sont : *Acquéreur*, *agresseur*, *amateur*, *auteur*, *censeur*, *docteur*, *éditeur*, *imposteur*, *imprimeur*, *intercesseur*, *littérateur*, *malfaiteur*, *oppresseur*, *possesseur*, *prédécesseur*, *professeur*, *sculpteur*, *souscripteur*, *successeur*, *traducteur*, etc.; Ex. : Une femme *auteur* ; Elle resta *possesseur* de tout l'héritage.

140. — On emploie également, avec la même forme aux

---

136. Quels sont ceux qui font exception à la quatrième règle? — 137. Quel est le féminin de *débiteur*? — 138. Quel est le féminin des mots *ambassadeur*, *empereur*, *gouverneur* et *serviteur*? — 139. Quels sont les mots en *eur* qui ne changent pas au féminin? — 140. Quels sont les autres qualificatifs qui sont dans le même cas?

deux genres, les noms qualificatifs, *artisan, charlatan, chef, médecin, soldat, témoin*, etc., et tous ceux qui marquent des qualités ou des professions appartenant plus ordinairement aux hommes qu'aux femmes. — Les mots *bailli, héros, géant*, font au féminin, *baillive, héroïne, géante; roi* fait *reine; compagnon* fait *compagne*, etc.

141. — Les adjectifs *fat, châtain, dispos, résous, hébreu*, ne s'emploient pas avec un substantif féminin; on dit : Le peuple *hébreu*, la religion *juive*.

FORMATION DU PLURIEL.

142. — REMARQUE. Les adjectifs terminés au singulier par *s, x*, ne changent pas au pluriel masculin; Ex. : Un bois *épais*, des bois *épais;* Un pays *délicieux*, des pays *délicieux;* Un homme *jaloux*, des hommes *jaloux*.

143. — PREMIÈRE RÈGLE. La plupart des adjectifs, et généralement ceux qui ne sont terminés ni par *eau* ni par *al*, forment leur pluriel en prenant une *s* finale; Ex. : Un habit *neuf*, des habits *neufs;* Un livre *utile*, des livres *utiles;* La belle *fleur*, les belles *fleurs*.

Cette règle s'applique à tous les adjectifs féminins sans exception.

144. — DEUXIÈME RÈGLE. Les adjectifs terminés au singulier par *eau*, prennent un *x* final au pluriel; Ex. : Le *beau* tableau, les *beaux* tableaux; Un ouvrage *nouveau*, des ouvrages *nouveaux*.

Le mot *hébreu* fait au pluriel, *hébreux;* mais *bleu* fait, *bleus:* Les livres *hébreux*, des yeux *bleus*.

145. — TROISIÈME RÈGLE. On forme généralement le pluriel des adjectifs en *al*, en changeant *al* en *aux;* Ex. : Un partage *égal*, des partages *égaux;* Un livre *moral*, des livres *moraux*.

146. — EXCEPTION. Quelques adjectifs en *al* font leur pluriel avec une *s* finale; quoique l'on n'en trouve aucun exemple dans le dictionnaire de l'Académie, il est ce-

---

141. Quels sont ceux qui ne s'emploient pas au féminin? — 142. Quels sont les adjectifs qui ne changent pas au pluriel masculin? — 143. Quels sont ceux qui forment leur pluriel avec *s* finale? — 144. — Quels sont ceux qui prennent un *x* au pluriel? — 145. Comment se forme le pluriel des adjectifs en *al*? — 146. Quelle est l'exception à cette règle?

pendant permis de dire, comme l'ont fait plusieurs bons auteurs :

Des conseils *amicals*, des fours *banals*, des édifices *colossals*, des instincts *fatals*, des sons *initials*, *finals*, *labials*, *médials*, *nasals;* des repas *frugals*, des vents *glacials*, des gens *matinals*, des combats *navals*, des cierges *pascals*, des codes *pénals*, des effets *théâtrals*.

Observation. Châteaubriand a dit : Des lions *colossaux*. — Pour un certain nombre de ces mots, l'usage n'a encore établi aucune règle quant à la forme de leur pluriel. A l'égard de ceux qui ne sont pas d'un fréquent usage au pluriel masculin, il semble préférable de leur donner la terminaison *als*, plutôt que la terminaison *aux*, lorsque cette dernière pourrait paraître choquante ou prétentieuse. Dans le doute, il vaut encore mieux prendre un autre tour, pour éviter l'emploi de ces adjectifs au pluriel masculin. — Pour tous les adjectifs en *al*, dont le pluriel peut être douteux, on fera bien de consulter le dictionnaire.

147. — Remarque. Il y a des adjectifs en *al* qui ne s'emploient au pluriel qu'avec des substantifs féminins; tels sont : *Adverbial*, *astral*, *bénéficial*, *claustral*, *causal*, *conjectural*, *diagonal*, *diamétral*, *expérimental*, *horizontal*, *médicinal*, *mental*, *nominal*, *paradoxal*, *paroissial*, *patronal*, *pluvial*, *professoral*, *proverbial*, *sidéral*, *transversal*, *virginal*, *zodiacal*, etc.

148. — Autre remarque. Dans les adjectifs polysyllabes terminés par *ant* ou *ent*, bien que l'usage permette de supprimer le *t* final au pluriel masculin, il est toujours mieux de le conserver à cause de l'étymologie; Ex. : Des enfants *obéissants;* Des parents *prudents*.

L'adjectif monosyllabe *lent* doit nécessairement conserver le *t* final au pluriel. — Cette lettre se supprime toujours à la fin de l'adjectif *tout* au pluriel masculin; mais elle se conserve quand le mot *tout* est employé comme substantif : *Tous* les hommes; Plusieurs *touts* distincts les uns des autres.

RÈGLES GÉNÉRALES D'ACCORD.

149. — Première règle. L'adjectif ayant rapport à un seul substantif, doit en prendre le genre et le nombre; Ex. : *Mon bon* père, *ma bonne* mère; *Ce* livre *nouveau*, *ces* livres *nouveaux*.

---

147. Tous les adjectifs en *al* s'emploient-ils au pluriel masculin ? — 148. Quelle remarque fait-on sur les adjectifs en *ant* et sur le mot *tout* au pluriel ? — 149. Comment s'accorde l'adjectif joint à un seul substantif?

150. — Deuxième règle. L'adjectif ayant rapport à deux substantifs du singulier se met au pluriel ; Ex. : Le souverain et le berger sont *égaux* après la mort.

151. — Troisième règle. L'adjectif ayant rapport à deux substantifs de différents genres, se met au masculin pluriel ; Ex. : Le frère et la sœur sont *obligeants* et toujours *prêts* à rendre service.

152. — Remarque. Lorsqu'un adjectif a rapport à un verbe, à un autre adjectif ou à un adverbe, il est lui-même employé comme adverbe et reste alors invariable ; Ex. : Elle parle *bas ;* Cette fleur sent *bon ;* Des enfants *nouveau*-nés ; Marchez *tout* doucement.

153. — Autre remarque. *Tout*, quoique adverbe, s'accorde lorsqu'il précède un adjectif féminin commençant par une consonne ou une *h* aspirée, quand cet adjectif n'a pas la même terminaison pour les deux genres ; Ex. : Elle est *toute* confuse, *toute* honteuse.

Mais on dirait avec *tout* invariable : Elle est *tout* obligeante, *tout* heureuse de rendre service ; Mes habits sont *tout* mouillés, c'est-à-dire *tout-à-fait* mouillés.

Observation. Les mots *tout*, *quelque*, *même*, également susceptibles de s'employer tantôt comme adjectifs, tantôt comme adverbes, sont l'objet de nombreuses explications dans la syntaxe.

1° *Tout*, adverbe, signifie, *très*, *si*, *tout-à-fait*.

2° *Quelque*, adverbe, signifie, *si*, *très*, et se rapporte à un adjectif ou à un adverbe : *Quelque* puissants qu'ils soient, *quelque* sagement qu'ils se conduisent, c'est-à-dire *si* puissants qu'ils soient, bien qu'ils se conduisent *très*-sagement. — On écrit en deux mots *quel que*, devant un verbe et devant les pronoms, *il*, *elle :* Honorez votre condition, *quelle qu'*elle soit ; *Quels que* soient ses torts, il ne se repent pas.

3° *Même* est adverbe quand il se rapporte à un verbe, à un adjectif, à un adverbe, ou quand il vient après plusieurs substantifs : Ces enfants n'écoutent *même* pas ; Ils sont *même* insensibles aux reproches ; Elle est abandonnée de tous ses amis et de ses parents *même*.

(Ces renseignements généraux pourront suppléer en partie aux principes développés dans la syntaxe.)

---

150. Et joint à deux substantifs du singulier ? — 151. Et joint à deux substantifs de différents genres ? — 152. Quand un adjectif est-il employé comme adverbe ? — 153. Que remarque-t-on sur le mot *tout*, adverbe ?

CHAPITRE IV.

DU PRONOM.

154. — Le *pronom* est un mot qui s'emploie au lieu du nom, pour désigner des personnes ou des choses; Ex. : Dieu est bon, mais *il* est juste ; *Quelqu'un* a parlé ; Laissez *cela.*

OBSERVATION. Le pronom diffère du substantif en ce que, ne représentant par lui-même ni la nature ni la qualité d'un objet, un même pronom peut, en général, s'appliquer à des objets d'espèces différentes ou de qualités différentes.

DIFFÉRENTES SORTES DE PRONOMS.

155. — On distingue deux sortes principales de pronoms : les pronoms *absolus* et les pronoms *relatifs.*

156. — Les pronoms sont dits *absolus,* lorsqu'ils n'ont pas rapport à un substantif, ou qu'ils ne servent point soit à rappeler, soit à répéter une idée énoncée par un autre mot ; Ex. : Laissez *ceci,* prenez *cela; On* vient; *Quelqu'un* a parlé ; *Chacun* doit respecter le bien d'*autrui.*

157. — On appelle *relatifs,* les pronoms qui ont rapport à un substantif, ou qui répètent une idée énoncée par un autre mot ; Ex. : Ma sœur était absente, *elle* est de retour ; Ce bouquet est moins beau que *le vôtre.*

158. — Certains pronoms sont tantôt absolus, tantôt relatifs ; Ex. : *Quelqu'un* a parlé ; — J'avais beaucoup d'amis, *quelques-uns* m'ont trahi.

159. — Les pronoms absolus ou employés absolument sont toujours du masculin et du singulier. Les pronoms relatifs prennent le genre et le nombre du substantif auquel ils se rapportent, et dont ils tiennent la place.

De même que pour les adjectifs, l'accord des pronoms relatifs se fait en changeant, pour la plupart, leur terminaison ; mais pourtant il y en a plusieurs dont la forme ne varie pas.

160. — On distingue cinq sortes particulières de pro-

154. Qu'est-ce que le pronom ? — 155. Combien en distingue-t-on de sortes principales ? — 156. Qu'est-ce que les pronoms absolus ? — 157. Qu'est-ce que les pronoms relatifs ? — 158. Un même pronom peut-il être tantôt absolu, tantôt relatif ? — 159. De quel genre et de quel nombre sont les pronoms absolus ? — Et les pronoms relatifs ? — 160. Combien y a-t-il de sortes particulières de pronoms ?

*

noms, que l'on appelle : *personnels*, *possessifs*, *indicatifs*, *conjonctifs* et *indéfinis*.

PRONOMS PERSONNELS.

161. — Les pronoms *personnels* sont ceux qui désignent les personnes et les choses, en marquant leurs relations avec l'acte de la parole.

162. — Ces relations, nommées rôles ou *personnes*, sont de trois sortes ; d'où l'on distingue, dans le langage, trois personnes :

La *première* personne est celle qui parle : *Je* lis, *nous* lisons ;
La *seconde* personne est celle à qui l'on parle : *Tu* lis, *vous* lisez ;
La *troisième* personne est celle de qui l'on parle : *Il* lit, *ils* lisent.

163. — Les pronoms de la première personne sont, pour les deux genres : *je*, *me*, *moi*, au singulier ; *nous*, au pluriel.

164. — Les pronoms de la seconde personne sont, également pour les deux genres : *tu*, *te*, *toi*, au singulier ; *vous*, au pluriel.

165. — REMARQUE. *Vous* s'emploie aussi par convenance, au singulier, au lieu de *tu*, *te*, *toi* ; dans ce cas, l'adjectif qui se rapporte à *vous*, reste au singulier ; Ex. : Mon ami, *vous* serez *estimé*, si *vous* êtes *sage*.

166. — Les pronoms de la troisième personne sont :

AU SINGULIER,		AU PLURIEL,	
Masculin :	Féminin :	Masculin :	Féminin :
Il,	*elle*,	*ils*,	*elles*.
Le,	*la*,	*les*,	*les*.
Lui,	*elle* (*lui*),	*eux*, *leur*,	*elles* (*leur*).

OBSERVATION. On suivra, pour dire ces pronoms, l'ordre horizontal.

167. — PREMIÈRE REMARQUE. Tout substantif sujet et tout mot pouvant se remplacer par *il*, *elle*, sont également

161. Qu'est-ce que les pronoms personnels ? — 162. Combien y a-t-il de personnes dans le langage ? — 163. Quels sont les pronoms de la première personne ? — 164. Quels sont ceux de la seconde ? — 165. *Vous* marque-t-il toujours un pluriel ? — 166. Quels sont les pronoms de la troisième personne ? — 167. Quels autres mots sont aussi de la troisième personne ?

de la troisième personne; Ex. : *Ma sœur* chante, ou *elle* chante ; *Quelqu'un* appelle, *on* appelle, ou *il* appelle.

168. — DEUXIÈME REMARQUE. *Lui* s'emploie pour les deux genres, lorsqu'il est mis pour, *à lui* ou *à elle* ; il a alors pour pluriel, *leur*, également des deux genres, signifiant, *à eux*, *à elles*.— Ne renfermant pas la préposition *à*, le pronom masculin *lui* a pour féminin, *elle*, et pour pluriel, *eux*; Ex. : Je *lui* parle, je *leur* parle, c'est-à-dire je parle *à lui*, *à elle*, *à eux*, *à elles* ; — C'est *lui*, c'est *elle*, ce sont *eux*.

169. — Les autres pronoms de la troisième personne, des deux genres et des deux nombres, sont :

En, signifiant, *de lui*, *d'elle*, *d'eux*, *d'elles*, *de cela*;
Y, signifiant, *à lui*, *à elle*, *à eux*, *à elles*, *à cela*.

170. — *Se*, *soi*, également pronoms de la troisième personne, sont appelés *personnels réfléchis*, parce qu'ils marquent toujours le rapport d'une personne à elle-même; Ex. : Ils *se* flattent ; Elles *se* nuisent ; Chacun songe à *soi*.

Ces pronoms sont des deux genres; *se* est des deux nombres, mais *soi* ne se dit ordinairement qu'au singulier.

OBSERVATION. La Bruyère a dit, en employant *soi* au pluriel : Les nouveaux enrichis se ruinent à se faire moquer de *soi*.

171. — AUTRES REMARQUES. *Le*, *la*, *les*, sont articles ou pronoms. On a vu qu'étant articles, ils précèdent un substantif. — Ils sont pronoms quand ils précèdent un verbe, ou qu'étant placés après, ils y sont joints par le trait d'union; alors, *le* signifie *lui* ou *cela*; *la* signifie *elle*, et *les* signifie *eux*, *elles*; Ex. : Je *le* connais (je connais *lui*); Je *la* connais (je connais *elle*); Je *les* connais (je connais *eux*, *elles*); Suivez-*le*, écoutez-*la*, observez-*les*.

172. — *Me*, *te*, *se*, *nous*, *vous*, s'emploient : 1° comme compléments directs, signifiant, *moi*, *toi*, *soi*, *nous*, *vous*; 2° comme compléments indirects, signifiant, *à moi*, *à toi*, *à soi*, *à nous*, *à vous*; Ex. : Il *me* regarde, il *te* regarde, il *nous* regarde, pour, il regarde *moi*, *toi*, *nous*; — Il *me* parle, il *se* parle, il *vous* parle, pour, il parle *à moi*, *à soi*, *à vous*.

---

168. Quelle remarque fait-on sur *lui*, *leur*? — 169. Quels sont les autres pronoms de la troisième personne? — 170. Que sont les mots *se*, *soi*? — 171. Comment distingue-t-on *le*, *la*, *les*, pronoms, de *le*, *la*, *les*, articles? — 172. Pour quoi s'emploient *me*, *te*, *se*, *nous*, *vous*?

Moi et *toi* s'emploient aussi quelquefois comme compléments indirects, avec ellipse de la préposition *à*, ainsi : Donne-*moi* ce livre; Procure-*toi* une voiture, c'est-à-dire donne *à moi*, procure *à toi*, etc.

PRONOMS POSSESSIFS.

173. — Les pronoms *possessifs* sont ceux qui rappellent l'idée d'un substantif, en y ajoutant une idée de possession : Ex. : Il a une maison plus grande que *la mienne*, c'est-à-dire que *ma maison*; Son droit est égal *au vôtre*, c'est-à-dire égal *à votre droit*.

174. — Les pronoms possessifs ont une double signification : ils représentent l'objet possédé, dont ils prennent le genre et le nombre ; en outre, ils indiquent la personne du possesseur, en faisant connaître si le possesseur est de la première, de la seconde ou de la troisième personne ; s'il est du singulier ou du pluriel. — Ces pronoms sont toujours précédés de l'article ; ils équivalent à un substantif accompagné d'un adjectif possessif.

175. — Les pronoms possessifs sont :

AU SINGULIER,		AU PLURIEL,		
Masculin :	Féminin :	Masculin :	Féminin :	*Possesseur :*
Le mien,	*la mienne,*	*les miens,*	*les miennes.*	moi.
Le tien,	*la tienne,*	*les tiens,*	*les tiennes.*	toi.
Le sien,	*la sienne,*	*les siens,*	*les siennes.*	lui, elle.
Le nôtre,	*la nôtre,*	*les nôtres,*	*les nôtres.*	nous.
Le vôtre,	*la vôtre,*	*les vôtres,*	*les vôtres.*	vous.
Le leur,	*la leur,*	*les leurs,*	*les leurs.*	eux, elles.

OBSERVATION. On devra dire ces mots en suivant l'ordre horizontal.

176. — REMARQUE. Le mot *leur*, adjectif ou pronom possessif, prend une *s* au pluriel ; Ex. : *Leurs* amis sont partis ; Ils ont pris mes livres pour *les leurs*.

Le pronom personnel *leur*, qui a pour singulier *lui* et qui se place devant un verbe, ne doit jamais prendre une *s* finale ; Ex. : Je *leur* ai parlé ; nous *leur* répondrons.

PRONOMS INDICATIFS.

177. — Les pronoms *indicatifs* sont ceux qui désignent

---

173. Qu'est-ce que les pronoms possessifs? — 174. Quelle est leur double signification? — 175. Quels sont ces pronoms? — 176. Quand *leur* prend-il une *s*, et quand n'en prend-il pas? — 177. Qu'est-ce que les pronoms indicatifs?

une personne ou une chose, soit en la montrant, soit en l'indiquant avec une idée qui la précise; Ex. : Prenez *cela;* Ayant emporté son bracelet et sa montre, elle a perdu *celle-ci;* De tous les livres, j'aime mieux *ceux* qui instruisent que *ceux* qui amusent seulement.

178. — Les pronoms indicatifs sont :

Au singulier masculin, *ce*, *ceci*, *cela*, invariables; *celui*, *celui-ci*, *celui-là*, qui font au féminin, *celle*, *celle-ci*, *celle-là*;

Au pluriel masculin, *ceux*, *ceux-ci*, *ceux-là*, qui font au féminin, *celles*, *celles-ci*, *celles-là*.

179. — Remarque. Le mot *ce*, adjectif lorsqu'il précède un substantif, est pronom devant le verbe *être*, et devant *qui*, *que*, *quoi*, *dont;* Ex. : *Ce* sera inutile; *Ce* qui plaît, *ce* que je dis, *ce* à quoi tu penses, *ce* dont il s'agit.

180. — Autre remarque. Les pronoms indicatifs terminés par *ci* servent à désigner l'objet le plus proche ou le dernier nommé; ceux qui sont terminés par *là* désignent l'objet le plus éloigné ou le premier nommé; Ex. : Prenez *ceci*, donnez-moi *cela;* Le frère et la sœur sont partis, *celle-ci* hier, *celui-là* ce matin.

Les terminaisons *ci* et *là*, qui ne sont autres que des adverbes de lieu, se placent aussi quelquefois après des substantifs précédés d'un adjectif indicatif, auxquels on les joint par un trait d'union; elles servent à donner aux substantifs un sens plus précis, la finale *ci* marquant la proximité, et *là* l'éloignement; Ex. : *Cette* maison-*ci* me convient; J'ai habité *ce* quartier-*là*.

PRONOMS CONJONCTIFS.

181. — Les pronoms *conjonctifs* servent à rappeler l'idée d'un substantif ou d'un pronom précédent, et en même temps à joindre deux propositions ; Ex. : J'ai fait le devoir *qui* m'a été donné; Étudiez la leçon *que* vous n'avez pas bien sue.

Observation. Ces pronoms ont été aussi nommés *relatifs;* mais comme il y a lieu d'appeler également relatifs tous ceux qui ont rapport à un substantif, la dénomination de *conjonctifs* convient mieux aux pronoms qui viennent d'être définis, en ce qu'elle ne peut appartenir qu'à eux, et qu'ainsi elle les distingue de toutes les autres sortes de pronoms.

---

178. Quels sont ces pronoms? — 179. Quand *ce* est-il pronom? — 180. Comment s'emploient ceux qui sont terminés par *ci* et ceux qui sont terminés par *là*? — 181. Qu'est-ce que les pronoms conjonctifs?

182. — Les pronoms conjonctifs sont : *qui*, *que*, *quoi*, *dont*, des deux genres et des deux nombres; *lequel*, *auquel*, *duquel*, dont le féminin est, *laquelle*, *à laquelle*, *de laquelle*, et le pluriel, *lesquels*, *lesquelles*, *auxquels*, *desquels*.

Il est bon de remarquer que l'article, soit simple, soit contracte, forme avec *quel* un seul mot, dans les pronoms *lequel*, *auquel*, *duquel*, etc.

183. — On appelle *antécédent* du pronom conjonctif, le substantif ou le pronom auquel il se rapporte, et qui est nommé ainsi, parce que le plus souvent il doit précéder immédiatement le pronom conjonctif, sans quoi le sens pourrait être obscur ou équivoque.

Ainsi dans : Le devoir *qui* m'a été donné; la leçon *que* vous n'avez pas sue, les substantifs *devoir* et *leçon* sont les antécédents de *qui*, *que*.

184. — Accord du pronom conjonctif. Le pronom conjonctif s'accorde avec son antécédent en genre, en nombre et en personne; Ex. : C'est moi *qui partirai;* C'est toi *qui partiras;* C'est nous *qui partirons.*

185. — Le pronom conjonctif ayant deux antécédents du singulier se met au pluriel; — s'ils sont de différents genres, le pronom prend le genre masculin; — si les antécédents sont de différentes personnes, le pronom prend celle des deux personnes qui a la priorité. — La première personne a la priorité sur la seconde, et la seconde sur la troisième; Ex. : C'est le père et le fils *qui sont accusés;* — C'est ma sœur et mon frère *qui seront héritiers;* — C'est vous et moi *qui partirons;* C'est vous et lui *qui partirez.*

La convenance veut, dans notre langue, que l'on nomme la première, la personne à qui l'on parle, et que celle qui parle se nomme la dernière.

PRONOMS INDÉFINIS.

186. — Les pronoms *indéfinis* sont ceux qui servent à désigner des personnes ou des choses d'une manière vague

---

182. Quels sont ces pronoms? — 183. Qu'appelle-t-on antécédent? — 184. Comment s'accorde le pronom conjonctif avec son antécédent? — 185. Comment s'accorde-t-il ayant deux antécédents? — 186. Qu'est-ce que les pronoms indéfinis?

ou générale; Ex. : *Quelqu'un* appelle; *On* frappe à la porte; *Chacun* a fait son devoir.

187. — Les pronoms indéfinis sont : *on, chacun, quiconque, quelqu'un* (pluriel, *quelques-uns*), *personne, autrui, l'un, qui* (signifiant, quelle personne), *que* et *quoi* (signifiant, quelle chose), *qui que* (signifiant, quelque personne que), *quoi que* (en deux mots, signifiant, quelque chose que).

188. — Les adjectifs *l'autre, tout, plusieurs, certains* (au pluriel), *tel, le même, nul, aucun,* deviennent pronoms indéfinis, lorsqu'ils sont employés pour tenir la place d'un substantif; Ex. : *L'un* dit oui, *l'autre* dit non ; *Tout* est perdu ; *Nul* n'est infaillible; *Tel* rit aujourd'hui qui pleurera demain.

189. — Remarque. — *Qui, que, quoi,* n'ayant pas d'antécédent et signifiant, quelle personne, quelle chose, sont appelés pronoms indéfinis *interrogatifs,* parce qu'ils servent à exprimer une interrogation; Ex. : *Qui* a parlé? *Que* faites-vous? A *quoi* pensez-vous?

Ces mêmes mots sont pronoms conjonctifs, lorsqu'on peut les tourner par *lequel, laquelle,* et qu'ils ont un antécédent.

FONCTIONS DES PRONOMS.

190. — Les pronoms, de même que les substantifs, font la fonction :

1° De sujet; Ex.: *Il* viendra; *Cela* est convenable ;

2° De complément; Ex. : Écoutez-*moi;* Répondez à *cela;*

3° Quelquefois de modificatif; Ex. : Vos intérêts sont *les miens; Qui* êtes-vous (vous êtes *quel*)?

191. — Il y a des pronoms qui s'emploient toujours :

1° Comme sujets; ce sont *je, tu, il, on;*

2° Comme compléments directs; ce sont *le, la, les, que* (conjonctif, sauf dans certains cas exceptionnels) ;

3° Comme compléments indirects; ce sont *lui* (mis pour

---

187. Quels sont-ils? — 188. Quels sont les autres mots qui peuvent être pronoms indéfinis? — 189. Que remarque-t-on sur *qui, que, quoi*? — 190. Quelles sont les fonctions des pronoms? — 191. Quels sont ceux qui s'emploient toujours comme sujets? — Comme compléments directs? — Comme compléments indirects? — Tantôt comme compléments directs, tantôt comme compléments indirects?

à lui, à elle), *leur, en, y, dont* (mis pour, de qui, duquel, de laquelle, desquels), *autrui;*

4° Tantôt comme compléments directs, tantôt comme compléments indirects, renfermant la préposition *à;* ce sont *me, te, se* (voir n° 172). Les pronoms *nous, vous,* s'emploient aussi comme ces derniers; mais ils font en outre la fonction de sujets.

CHAPITRE V.

DU VERBE.

192. — Le *verbe* est un mot qui s'ajoute au substantif ou au pronom, pour exprimer qu'une chose est, a été ou sera; Ex. : Ma sœur *chante,* elle *chantait,* elle *chantera.*

(Il a été dit, n° 25, comment on reconnaît qu'un mot est verbe.)

OBSERVATION. Le mot *verbe* signifie, parole; le verbe est ainsi nommé, parce que c'est le mot par excellence, celui qui sert particulièrement à exprimer une pensée. — On définit encore le verbe : un mot qui exprime l'affirmation, ou qui sert à attribuer à un objet soit une action, soit une qualité.

DU SUJET ET DES COMPLÉMENTS.

193. — On appelle *sujet* du verbe, le substantif ou le pronom auquel il se rapporte et qui représente la personne ou la chose sur laquelle on porte un jugement; Ex. : *Dieu* est bon, *il* pourvoit à tous nos besoins.

194. — On reconnaît le sujet en ce qu'il répond à la question *qui est-ce qui?* (pour les personnes), ou *qu'est-ce qui?* (pour les choses), faite devant le verbe; Ex. : *Nous* étudions (*qui est-ce qui* étudie? réponse : *nous*); *Le soleil* brille (*qu'est-ce qui* brille? réponse : *le soleil*). — Donc, *nous* et *soleil* sont ici sujets des verbes *étudions* et *brille.*

195. — Le *complément* du verbe est un substantif ou un pronom placé sous sa dépendance, et qui sert à en compléter ou à en déterminer le sens; Ex. : Faites *votre devoir*; Obéissez *à vos parents.*

196. — Le complément *direct* (voir n° 93) reçoit toujours

---

192. Qu'est-ce que le verbe? — 193. Qu'est-ce que le sujet du verbe? — 194. Comment le reconnaît-on? — 195. Qu'est-ce que le complément? — 196. Comment reconnaît-on le complément direct et le complément indirect?

l'action exprimée par le verbe ; il répond à la question *qui?* (pour les personnes), et *quoi?* (pour les choses), faite après le verbe ; Ex. : Aimez *vos parents* (aimez *qui?* réponse : *vos parents*) ; Faites *votre devoir* (faites *quoi?* réponse : *votre devoir*).

En faisant les mêmes questions précédées d'une préposition, comme *à qui, de qui, à quoi, de quoi?* ou, suivant le sens, en faisant les questions *quand? combien? comment? où? d'où? par où?* etc., le substantif ou le pronom qui sert de réponse, est le complément *indirect ;* Ex. : Écrire *à un ami;* Profiter *de la leçon;* Partir *dans huit jours;* Écouter *avec attention;* etc.

La préposition est quelquefois sous-entendue devant le complément indirect; Ex. : Il partira *la semaine prochaine* (quand? *pendant* la semaine prochaine) ; Il régna *dix ans* (il régna *combien?* réponse : *pendant dix ans*).

197. — Parmi les compléments indirects, il y en a qui reçoivent l'action exprimée par le verbe ; Ex. : Nuire *à son prochain;* Médire *de quelqu'un;* Parler *de ses affaires.*

D'autres ne sont point objets de l'action et servent seulement à la déterminer par une circonstance quelconque de but, de moyen, de manière, d'opposition, de quantité, de temps, de lieu, etc. Ces compléments sont aussi nommés, *compléments circonstanciels ;* Ex. : Mourir *pour son pays;* Réussir *par l'intrigue;* Écouter *avec attention;* Agir *contre l'honneur ;* Abonder *en provisions;* Sortir *dès le matin ;* Aller *à Rome.*

Sont compléments circonstanciels, tous ceux qui répondent à des questions autres que, *à qui, à quoi, de qui, de quoi?*

Observation. On emploie quelquefois l'une pour l'autre les dénominations de *complément, régime* et *déterminatif.* Il est à remarquer que les adjectifs et les adverbes peuvent être aussi, par le sens, compléments ou déterminatifs, mais ils ne sauraient être *régimes ;* ce dernier terme, ayant une acception plus restreinte, aurait dû être conservé, de préférence à celui de *complément*, que l'usage a adopté.

DIFFÉRENTES SORTES DE VERBES.

198. — Il y a deux sortes principales de verbes : le verbe *substantif* et les verbes *attributifs.*

---

197. Quelle distinction fait-on dans les compléments indirects? — **198.** Quelles sont les deux sortes principales de verbes?

199. — Le verbe *substantif*, c'est le verbe *être;* il est nommé ainsi, parce qu'il exprime seulement qu'une chose est ou subsiste. — C'est le seul verbe qui marque par lui-même l'affirmation, et, pour cette raison, il entre dans la signification de tous les autres verbes, puisque le verbe, quel qu'il soit, doit *affirmer,* c'est-à-dire exprimer qu'une chose est, a été ou sera.

200. — Le verbe substantif est nécessairement suivi d'un modificatif, exprimé ou sous-entendu, qui représente la qualité ou la manière d'être attribuée au sujet, et que l'on nomme, pour cette raison, *attribut* du sujet; Ex. : Dieu est *bon;* Ma sœur était *malade;* Cet homme est *mon ami.*

201. — Le verbe *être* ne peut avoir de complément, parce que son unique fonction dans une proposition est de lier l'attribut au sujet, ce qui l'a fait appeler quelquefois verbe *copulatif* ou verbe *conjonctif.*—D'où il suit que, lorsqu'un complément vient après le verbe *être,* ce complément est toujours celui de l'attribut, soit exprimé, soit sous-entendu ; Ex. : Elle est *dans l'affliction,* c'est-à-dire *plongée* dans l'affliction ; Nous étions *en famille,* c'est-à-dire *réunis* en famille ; Ils sont *de la Savoie,* c'est-à-dire *originaires* de la Savoie ; Cette statue est *sur le pont,* c'est-à-dire *placée* sur le pont ; Il n'était pas *à notre réunion,* c'est-à-dire il était *non présent* à notre réunion.

Observation. Dans ce dernier exemple, *il était non présent,* on fait rapporter l'adverbe *non* à l'attribut *présent ;* en effet, le sens de l'attribut est le même que si l'on disait : *il était absent.* On doit faire de même dans tous les cas analogues ; ainsi, *Ils ne sont pas coupables ; cela n'est pas possible ; tous les enfants ne sont pas paresseux,* signifient, ils sont *non coupables* ou *innocents ;* cela est *non possible* ou *impossible ;* les enfants sont *non pas tous* paresseux. Donc, tout adverbe, quel qu'il soit, de même qu'un complément quelconque, joint au verbe *être,* se rapporte nécessairement et toujours soit à l'attribut, soit à un modificatif du sujet, mais jamais au verbe *être.*

202. — Les verbes *attributifs* sont nommés ainsi, parce qu'ils renferment implicitement avec l'idée du verbe *être,* celle d'un attribut ; Ex. : L'enfant *étudiait,* c'est-à-dire était *étudiant;* Le soleil *brille,* c'est-à-dire est *brillant.*

203. — De ce que ces verbes expriment la manière d'être

---

199. Qu'est-ce que le verbe substantif? — 200. De quel mot ce verbe est-il suivi? — 201. Peut-il avoir des compléments? — 202. Qu'est-ce que les verbes attributifs? — 203. Pourquoi peuvent-ils avoir des compléments? — Combien de sortes de verbes attributifs?

du sujet, c'est-à-dire l'action ou l'état qui lui est attribué, ils sont susceptibles d'avoir des compléments. Or, suivant la nature des compléments qui peuvent leur être donnés, on divise les verbes attributifs en deux sortes principales, savoir : les verbes *transitifs* et les verbes *intransitifs*.

204. — Les verbes *transitifs* sont ceux qui peuvent avoir un complément direct, ou après lesquels on peut mettre *quelqu'un, quelque chose;* tels sont, *aimer, chanter, finir;* Ex. : *Aimer ses parents; Chanter un air; Finir son devoir.*

205. — Les verbes transitifs peuvent avoir en même temps un complément direct et un complément indirect; Ex. : *Écrire une lettre à un ami; Mettre sa confiance en Dieu.*

206. — Les verbes *intransitifs* sont ceux qui ne peuvent avoir qu'un complément indirect, ou après lesquels on ne peut pas mettre *quelqu'un, quelque chose;* Ex. : *Echapper à un danger; Profiter d'une occasion; Résider en Russie.*

Observation. Les verbes transitifs ont été aussi nommés *verbes actifs;* et les verbes intransitifs, *verbes neutres.* Ces anciennes dénominations, qui sont maintenues encore dans quelques grammaires, ont été généralement abandonnées, 1° parce que la dénomination d'*actifs* convient également à tous les verbes dont le sujet est actif, ou qui expriment une action, sans qu'ils soient susceptibles d'avoir un complément direct; 2° parce que la dénomination de *neutre*, qui veut dire *ni l'un ni l'autre*, n'exprime pas ce que sont les verbes auxquels elle était appliquée.

Ces termes, empruntés à la grammaire latine, n'ont point la même raison d'être adoptés pour désigner les verbes français ; en latin, verbe *actif* est dit en opposition avec verbe *passif*, et verbe *neutre* signifie, qui n'est ni actif ni passif. Ces trois sortes de verbes existent bien en latin ; il en existe même une quatrième, qui a la forme passive sans en avoir la signification.

Or, les verbes passifs qui, dans la langue latine, ont leurs conjugaisons propres, ne se trouvent point de même en français; nous n'avons pas de conjugaison passive, et, comme il n'y a pas de verbe sans conjugaison, on ne peut admettre en français de verbes passifs que fictivement, et comme moyen de traduction de ceux que possèdent d'autres langues. (Voir plus loin, n° 212, et l'observation avant 256.)

Le nom de *transitif*, substitué à celui d'*actif*, convient aux verbes exprimant une action qui sort du sujet pour passer directement à un complément.

Le nom d'*intransitif*, substitué à celui de *neutre*, s'applique bien aux verbes qui ne peuvent pas avoir de complément direct. En effet, le plus grand nombre expriment une action qui ne sort pas

---

204. Qu'est-ce que les verbes transitifs? — 205. Ne peuvent-ils avoir qu'un complément direct? — 206. Qu'est-ce que les verbes intransitifs?

du sujet, comme *tomber*, *marcher*, *venir*, etc. — D'autres expriment un état, comme *paraître*, *sembler*, *devenir*, etc. — Quelques-uns, renfermant implicitement l'idée d'un complément direct, expriment une action qui ne passe qu'indirectement au complément exprimé, comme *nuire* à quelqu'un, c'est-à-dire faire *du mal* ou faire *du tort* à quelqu'un ; *parler* à quelqu'un, c'est-à-dire adresser *la parole* à quelqu'un ; *profiter* d'une chose, c'est-à-dire faire *son profit* d'une chose. — Ces derniers verbes pourraient être nommés *transitifs indirects;* mais cette distinction, sans utilité pratique, ne ferait qu'embarrasser les élèves.

207. — Dans les verbes transitifs ou intransitifs, sont compris certains verbes, que l'on nomme, verbes *pronominaux* et verbes *unipersonnels.*

208. — On appelle verbes *pronominaux*, ceux qui sont employés avec deux pronoms désignant la même personne, l'un sujet, l'autre complément ; Ex. : *Je me repens; Vous vous souvenez; Ils s'enfuient.* (Voir n° 329.)

209. — Les verbes *unipersonnels* sont ceux qui ne s'emploient qu'à la troisième personne du singulier, et seulement avec le pronom *il* pris absolument, c'est-à-dire ne tenant la place d'aucun substantif ; Ex. : *Il pleut; Il fallait; Il neige.*

210. — Certains verbes s'emploient accidentellement comme pronominaux ou comme unipersonnels, c'est-à-dire qu'ils ne le sont pas toujours ; Ex. : *Il se trompe; Elle se flatte; Il convient* d'agir ainsi ; *Il arrivera* des malheurs.

Ces verbes sont appelés *accidentellement* pronominaux ou unipersonnels ; ceux au contraire qui sont toujours pronominaux ou unipersonnels, sont nommés *essentiellement* pronominaux, ou *essentiellement* unipersonnels.

Le verbe *être*, sans cesser d'être verbe substantif, s'emploie souvent comme unipersonnel ; Ex. : *Il est* utile d'étudier ; *Il serait* temps de partir.

211. — Remarque. Le pronom *il* devant un verbe unipersonnel n'en est que le *sujet apparent,* parce qu'il ne désigne aucun objet, et qu'il sert seulement à faire prendre au verbe la forme de la troisième personne.

Le mot auquel se rapporte l'idée du verbe et qui en est

---

207. Quels noms particuliers donne-t-on à certains verbes transitifs ou intransitifs ? — 208. Qu'appelle-t-on verbes pronominaux ? — 209. Qu'est-ce que les verbes unipersonnels ? — 210. Qu'est-ce que les verbes accidentellement ou essentiellement pronominaux ou unipersonnels ? — 211. Qu'appelle-t-on sujet apparent et sujet réel d'un verbe unipersonnel ?

le *sujet réel*, se présente le plus souvent après le verbe unipersonnel, sous la forme d'un complément ou même d'une proposition ; Ex. : Il arrivera *des malheurs*, c'est-à-dire *des malheurs* arriveront; il convient *d'agir ainsi*, c'est-à-dire *agir ainsi* convient ou est convenable; Il faut *que je sorte*, c'est-à-dire *que je sorte* est nécessaire.

Quelquefois le sujet réel se trouve implicitement dans le verbe unipersonnel; ainsi, *Il pleut, il tonne*, signifient, *la pluie* tombe, *le tonnerre* gronde.

212. — On a admis abusivement en français des verbes *passifs*, afin d'avoir l'équivalent de cette sorte de verbes, qui existe dans d'autres langues; et ces verbes sont appelés ainsi, parce que le sujet est *passif* de l'action ou qu'il la reçoit.

En français, le verbe passif, ou plutôt ce qui en tient lieu, c'est le verbe *être*, suivi d'un participe passé de verbe transitif. — La signification active d'un verbe transitif se tourne par une signification passive, en prenant le complément direct pour en faire le sujet, et en faisant du sujet un complément indirect précédé de la préposition *par* ou *de*. — Ces phrases, Jules *a blessé* Paul; Tout le monde *admire* cette invention, seront donc tournées ainsi par le passif : Paul *a été blessé par* Jules; Cette invention *est admirée de* tout le monde.

Observation. Dans la distinction qui a été faite des deux sortes principales de verbes, on a dit que les verbes attributifs renferment implicitement, c'est-à-dire par le sens et non par la forme, le verbe *être* et un attribut. Il résulte de là que ceux qu'on appelle verbes passifs ne font partie d'aucune sorte de verbes attributifs, et qu'il ne faut voir dans les verbes passifs autre chose que le verbe substantif *être*, suivi d'un participe passé employé comme adjectif et faisant fonction d'attribut; les deux mots restant parfaitement distincts et ne formant point une expression composée.

MODIFICATIONS DU VERBE.

213. — Le verbe a des modifications analogues à celles de l'adjectif, dont les terminaisons, ainsi qu'on l'a vu, subissent certains changements pour marquer les différences soit de genre, soit de nombre.

On appelle donc *modifications du verbe*, les diverses

---

212. Pourquoi a-t-on admis en français des verbes passifs? — Comment le sens actif peut-il se tourner par un sens passif? — 213. Qu'appelle-t-on modifications du verbe?

formes que l'on donne à sa terminaison, pour marquer les différences de *personnes*, de *nombres*, de *temps* et de *modes*.

NOMBRES ET PERSONNES.

214. — Le verbe n'a par lui-même ni nombres ni personnes, mais il emprunte cette double propriété du substantif ou du pronom auquel il se rapporte, et qui lui sert de sujet.

Le *nombre* et la *personne* dans un verbe consistent en ce que, généralement, sa terminaison change suivant la différence du nombre et de la personne du sujet. D'où résultent les règles d'accord suivantes :

RÈGLES GÉNÉRALES D'ACCORD.

215. — Première règle. Le verbe s'accorde en nombre et en personne avec son sujet, c'est-à-dire qu'il se met :

1° Au singulier, après *je, tu, il, elle*, et après tout autre sujet du singulier ;

2° Au pluriel, après les sujets *nous, vous, ils, elles*, et après tout autre sujet du pluriel ;

3° A la première personne, après les sujets *je, nous ;*

4° A la seconde personne, après les sujets *tu, vous ;*

5° A la troisième personne, après les sujets *il, ils, elle, elles*, et après un substantif sujet ou tout autre mot pouvant se remplacer par *il, ils, elle, elles ;* Ex. : Je *lirai*, tu *liras ;* il ou elle *lira*, ma sœur *lira ;* Nous *lirons*, vous *lirez*, ils ou elles *liront*, mes sœurs *liront*.

216. — Remarque. On a vu que le pronom conjonctif prend le nombre et la personne de son antécédent ; en conséquence, le verbe ayant pour sujet le pronom *qui* doit se mettre au même nombre et à la même personne que l'antécédent de ce pronom ; Ex. : C'est *moi* qui *répondrai ;* C'est *toi* qui *répondras ;* C'est *nous* qui *répondrons*.

217. — Deuxième règle. Le verbe se rapportant également à deux sujets du singulier, se met au pluriel ; Ex. : Le frère et la sœur *viendront ;* Le temps ou la mort *sont* les remèdes à tous nos maux.

---

214. Que sont le nombre et la personne dans le verbe ? — 215. Quel est, en général, l'accord du verbe avec son sujet ? — 216. Qu'y a-t-il à remarquer sur l'accord du verbe avec le pronom *qui* ? — 217. Quel est l'accord du verbe après deux sujets du singulier ?

218. — Exception. Quelquefois, le verbe ayant plusieurs sujets s'accorde seulement avec le dernier, c'est quand les sujets sont synonymes (exprimant à peu près la même idée); — ou qu'ils forment gradation (exprimant des idées qui vont en augmentant ou en diminuant); — ou bien quand la conjonction *ou*, placée entre deux sujets de la troisième personne, donne l'exclusion au premier; Ex. : La douceur, *l'aménité doit* être la première qualité d'une femme; — Une parole, un sourire gracieux, *un seul regard suffit;* — Le frère ou *la sœur est innocente*, c'est-à-dire *l'un des deux* seulement *est innocent.*

La même exception a lieu pour l'accord de l'adjectif joint à plusieurs substantifs.

(Voir, pour plus de détails, dans la syntaxe de l'adjectif et du verbe.)

219. Troisième règle. Si les deux sujets sont de différentes personnes, le verbe prend celle des deux qui a la priorité; la première, ainsi qu'il a déjà été dit, a la priorité sur la seconde, et la seconde sur la troisième; Ex. : Vous et moi *réussirons;* Vous et lui *partirez.*

Observation. Les règles particulières d'accord pour les verbes et les adjectifs, donnent lieu à d'assez grands développements qui ont dû être réservés pour la syntaxe. Cependant, en raison de leur application fréquente, on indiquera ici sommairement les règles d'accord après un collectif :

ACCORD APRÈS UN COLLECTIF.

1° Si le collectif est général, c'est avec le collectif que le verbe et l'adjectif s'accordent; Ex. : *La foule* des humains *est vouée* à la souffrance.

2° Si le collectif est partitif, ayant seulement la valeur d'un adjectif ou d'un adverbe, le verbe et l'adjectif s'accordent avec le complément du collectif; Ex. : Une foule de *gens sont mécontents* de leur sort; c'est-à-dire *beaucoup* de gens sont, etc. ; La plupart des *intrigants réussissent*, c'est-à-dire *presque tous* les intrigants etc.

TEMPS.

220. — On appelle *temps*, la forme que prend le verbe pour indiquer si une chose est présente, passée ou future; Ex. : Je *lis* maintenant; Je *lisais* hier; Je *lirai* demain.

---

218. Quelle est l'exception à cette règle? — 219. Quel est l'accord du verbe après deux sujets de différentes personnes? — Dites l'accord du verbe, en général, après un collectif? — 220. Qu'appelle-t-on temps du verbe?

221. — Considérées dans leur signification par rapport aux divisions de la durée, les formes du verbe nommées *temps* sont de trois sortes, et marquent : le *présent*, le *passé* et le *futur*.

222. — Le *présent* est le moment où l'on parle; Ex. : Je *lis*, nous *lisons*.

223. — Le *passé* est le temps qui a précédé le présent; Ex. : Tu *lisais*, vous *lisiez*; Tu *as lu*, vous *avez lu*.

224. — Le *futur* est le temps qui doit suivre le présent; Ex. : Il *lira*, ils *liront*.

225. — Considérés sous le rapport de leur forme, les temps se divisent en *simples* et en *composés*. — Enfin, d'après la ressemblance de leurs radicaux, et pour en expliquer la formation, on a encore divisé les temps en *primitifs* et en *dérivés*.

226. — On nomme :

1° Temps *simples*, ceux qui sont formés d'un seul mot ; Ex. : Je *lis*, je *lisais*;

2° Temps *composés*, ceux qui sont formés de deux mots; Ex. : J'*ai lu*, j'*avais lu*; Je *suis sorti*, j'*étais sorti*;

3° Temps *primitifs*, ceux que l'on est convenu d'adopter pour former d'autres temps, par le changement seul de la terminaison ;

4° Temps *dérivés*, ceux qui sont formés des temps primitifs, en ce qu'ils en ont le radical.

Ainsi, *lire*, *lisant*, je *lus*, sont des temps primitifs, qui forment les dérivés : je *lirai*, je *lisais*, que je *lusse*. (Voir plus loin la formation des temps.)

227. — Les deux mots dont se forment les temps composés, et qui ne font ensemble qu'une seule et même expression, sont le verbe *avoir* ou le verbe *être*, avec un participe passé ; Ex. : J'*avais lu*, c'est-à-dire j'avais été lisant; Nous *aurons lu*, c'est-à-dire nous aurons été lisant; Je *suis sorti* hier, c'est-à-dire j'ai été sortant hier.

Observation. Dans les temps composés, comme dans les temps sim-

---

221. Combien de temps par rapport aux divisions de la durée? — 222-223-224. Qu'est-ce que le présent, le passé et le futur? — 225. Comment les temps des verbes se divisent-ils encore? — 226. Qu'appelle-t-on temps simples, temps composés, temps primitifs, temps dérivés? — 227. De quels mots se forment les temps composés?

ples, l'attribut que renferme implicitement le verbe est également le participe présent, exprimant l'action, ainsi que le démontrent les exemples précédents. Cependant l'idée attributive, dans les temps formés avec *être*, se compose en même temps d'une action et d'un état. (Voir n° 261.)

228. — Étant employés pour former les temps composés des verbes transitifs ou intransitifs, les deux verbes *avoir* et *être* sont alors appelés ***verbes auxiliaires.***

229. — Le verbe *avoir* n'étant pas suivi du participe passé d'un autre verbe, est lui-même verbe transitif, parce qu'il prend un complément direct ; Ex. : Vous *avez* une belle maison ; Il *avait* la fièvre.

230. — Lorsqu'il est suivi d'un attribut qui exprime la qualité ou seulement l'état du sujet, le verbe *être* n'est point verbe auxiliaire, mais verbe substantif ; Ex. : Ce jardin *est* plein de fleurs ; Nous *étions* amis ; Ils *sont* estimables et estimés ; Ces personnes *sont* très-considérées.

Observation. L'attribut exprimant, après le verbe substantif *être*, la qualité ou seulement l'état du sujet, est ou un adjectif, ou un substantif, ou un pronom, ou un participe passé de verbe transitif.

MODES.

231. — On appelle *modes*, les différentes manières d'exprimer l'idée d'un verbe. — Les modes forment dans le verbe des divisions qui se composent de temps, comme les temps se composent de nombres et de personnes.

232. — Il y a cinq modes : l'*indicatif*, le *conditionnel*, l'*impératif*, le *subjonctif* et l'*infinitif*.

233. — Les quatre premiers sont appelés *modes personnels*, parce que les temps qu'ils renferment ont des terminaisons variables, pour marquer, par la distinction des nombres et des personnes, le rapport du verbe avec le sujet.

234. — L'infinitif est appelé *mode impersonnel*, parce que, ne se rapportant point à un sujet, il n'a ni nombres ni personnes.

235. — L'*indicatif* sert à exprimer d'une manière posi-

---

228. Quand *avoir* et *être* sont-ils verbes auxiliaires ? — 229. Quand *avoir* est-il verbe transitif ? — 230. Quand *être* n'est-il pas verbe auxiliaire ? — 231. Qu'est-ce que les modes du verbe ? — 232. Combien y en a-t-il ? — 233. Qu'appelle-t-on modes personnels ? — 234. Quel est le mode impersonnel ? — 235. Qu'est-ce que l'indicatif ?

tive et absolue qu'une chose est, a été ou sera; Ex. : Il *lit*, il *a lu*, il *lira*.

236. — L'indicatif renferme huit temps :

1° Quatre simples, le *présent*, l'*imparfait*, le *passé défini* et le *futur absolu;*

2° Quatre composés, le *passé indéfini*, le *plus-que-parfait*, le *passé antérieur* et le *futur antérieur*.

237. — Le *conditionnel* sert à exprimer qu'une chose aurait lieu, ou aurait eu lieu moyennant une condition; Ex. : Il *mangerait* s'il avait faim; Il *aurait mangé* s'il eût eu faim.

238. — Le conditionnel comprend trois temps : un simple, nommé *présent* ou *futur;* deux composés, le *passé* et le *plus-que-parfait*.

239. — L'*impératif* sert à commander ou à demander qu'une chose soit; Ex. : *Fuis* les mauvaises sociétés; *Venez* à mon aide.

240. — L'impératif renferme deux temps : un simple, le *futur absolu*, et un composé, le *futur antérieur*. Ce dernier n'est pas usité dans tous les verbes.

OBSERVATION. L'impératif ne peut avoir ni présent ni passé, et doit nécessairement marquer le futur, attendu que, pour commander ou demander qu'une chose soit, il faut qu'elle n'existe pas encore.

241. — Le *subjonctif*, que l'on appelle aussi mode du doute, s'emploie le plus souvent pour exprimer une chose que l'on ne donne pas comme certaine. — *Subjonctif* signifie, subordonné; ce mode est nommé ainsi, parce qu'il est toujours placé sous la dépendance d'un autre verbe ou d'une proposition précédente; Ex. : Je doute *qu'il vienne;* Je souhaitais *qu'il réussît;* Je ne crois pas qu'il *ait eu* raison.

242. — Il y a dans le subjonctif quatre temps : deux simples, le *présent* ou *futur* et l'*imparfait;* deux composés, le *passé* et le *plus-que-parfait*.

243. — L'*infinitif* exprime l'idée du verbe d'une manière

---

236. Combien renferme-t-il de temps? — 237. Qu'est-ce que le conditionnel? — 238. Quels sont les temps de ce mode? — 239. Qu'est-ce que l'impératif? — 240. Quels sont les deux temps de ce mode? — 241. Qu'est-ce que le subjonctif? — 242. Combien ce mode renferme-t-il de temps? — 243. Qu'est-ce que l'infinitif?

générale, c'est-à-dire sans affirmer qu'une chose est, a été ou sera. — Il résulte de là que l'infinitif ne tient du verbe que par sa signification fondamentale, et non par son emploi, qui est celui d'un substantif ou d'un adjectif; Ex. : *Travailler* est un devoir; Il désire *apprendre;* — Un homme *travaillant;* Une leçon bien *apprise.*

244. — Ce mode, en conséquence de son emploi, comprend deux parties principales : l'*infinitif-substantif* et l'*infinitif-adjectif,* autrement nommé, *participe.* — Il y a dans l'infinitif cinq formes particulières, lesquelles sont abusivement nommées temps, sauf peut-être les deux formes composées, qui ont bien rapport à un passé.

245. — L'infinitif-substantif comprend deux formes : une simple, le *présent,* et une composée, le *passé.*

L'infinitif-adjectif a trois formes particulières : deux simples, le *participe présent* et le *participe passé passif;* une composée, le *participe passé actif.* — Pour distinguer entre eux les deux participes passés, on les nomme encore, le premier, *passé simple,* et le second, *passé composé.*

246. — Il y a donc dans les verbes *vingt-deux* divisions appelées temps, savoir : onze temps simples et onze temps composés, dont l'ensemble forme ce que l'on nomme une *conjugaison.*

DE LA CONJUGAISON.

247. — On entend par *conjugaison,* la réunion de tous les temps d'un verbe, classés par modes et d'après leur forme ou leur signification particulière.

248. — *Conjuguer* veut dire, joindre avec ou ensemble. Conjuguer un verbe, c'est joindre au radical qui lui est propre, toutes les terminaisons qui servent à distinguer entre eux, les modes, les temps, les nombres et les personnes.

249. — Le *radical* d'un verbe, comme de tout mot variable, est la partie qui en renferme la signification fondamentale et qui distingue ce mot de tous les autres; ainsi, les deux mots *chanter* et *manger,* ou *finir* et *souffrir,* dont la

---

244. De quoi se compose-t-il? — 245. Combien comprend-il de formes ou temps? — 246. Combien y a-t-il de temps dans un verbe? — 247. Qu'entend-on par conjugaison? — 248. Qu'est-ce que conjuguer un verbe? — 249. Qu'est-ce que le radical d'un verbe?

terminaison est semblable, n'ont pas la même signification, parce que leur radical est différent.

OBSERVATION. Ce qu'il importe le plus dans la conjugaison des verbes, c'est de bien distinguer le radical de chaque temps d'avec ses terminaisons. Cette opération ne présente aucune difficulté, car il suffit pour cela de donner à chaque temps dérivé le radical de son primitif, en considérant comme terminaison tout ce qui vient à la suite de ce radical. (Voir au n° 281 la formation des temps.)

250. — On admet communément en français *quatre* conjugaisons, que l'on distingue par la terminaison du présent de l'infinitif : la première, que l'on appelle conjugaison en *er*, comme *chanter;* la seconde en *ir*, comme *finir;* la troisième en *oir*, comme *prévoir;* la quatrième en *re*, comme *rompre.*

(Voir l'observation, avant le n° 275, relative aux modèles des verbes *non en er.*)

251. — Pour savoir former les temps composés dans la conjugaison des verbes, on doit préalablement connaître la conjugaison des verbes auxiliaires. Il convient donc de commencer par conjuguer les deux verbes *avoir* et *être.*

252. — CONJUGAISON DU VERBE *AVOIR.*

OBSERVATION. On devra conjuguer chaque temps, d'abord en suivant l'ordre horizontal, puis en suivant l'ordre vertical, c'est-à-dire que l'on indiquera premièrement les trois personnes du singulier, en les faisant suivre des trois du pluriel, et qu'en second lieu on dira chaque personne du singulier, en la faisant suivre de la même personne plurielle. — Il sera bon, quand on saura ce verbe, d'en faire la conjugaison soit oralement, soit par écrit, en donnant à chaque personne un complément; ainsi : *J'ai un livre, nous avons des livres,* etc. On pourra aussi changer de complément, soit à chaque personne, soit à chaque temps.

INDICATIF. — PRÉSENT.

J'ai,	tu as,	il a,
nous avons,	vous avez,	ils ont.

IMPARFAIT.

J'avais,	tu avais,	il avait,
nous avions,	vous aviez,	ils avaient.

PASSÉ DÉFINI.

J'eus,	tu eus,	il eut,
nous eûmes,	vous eûtes,	ils eurent.

---

250. Combien admet-on communément de conjugaisons en français? — 251. Que faut-il d'abord connaître pour conjuguer les temps composés d'un verbe? — 252. Conjuguez le verbe *avoir.*

FUTUR ABSOLU.

J'aurai,	tu auras,	il aura,
nous aurons,	vous aurez,	ils auront.

PASSÉ INDÉFINI.

J'ai eu,	tu as eu,	il a eu,
nous avons eu,	vous avez eu,	ils ont eu.

PLUS-QUE-PARFAIT.

J'avais eu,	tu avais eu,	il avait eu,
nous avions eu,	vous aviez eu,	ils avaient eu.

PASSÉ ANTÉRIEUR.

J'eus eu,	tu eus eu,	il eut eu,
nous eûmes eu,	vous eûtes eu,	ils eurent eu.

FUTUR ANTÉRIEUR.

J'aurai eu,	tu auras eu,	il aura eu,
nous aurons eu,	vous aurez eu,	ils auront eu.

CONDITIONNEL. — PRÉSENT *ou* FUTUR.

J'aurais,	tu aurais,	il aurait,[1]
nous aurions,	vous auriez,	ils auraient.

PASSÉ.

J'aurais eu,	tu aurais eu,	il aurait eu,
nous aurions eu,	vous auriez eu,	ils auraient eu.

PLUS-QUE-PARFAIT.

J'eusse eu,	tu eusses eu,	il eût eu,
nous eussions eu,	vous eussiez eu,	ils eussent eu.

IMPÉRATIF. — FUTUR ABSOLU.

(*Point de 1re personne au singulier, ni de 3e au singulier et au pluriel.*)

Aie,	ayons,	ayez.

(*Pas de futur antérieur.*)

SUBJONCTIF. — PRÉSENT *ou* FUTUR.

Que j'aie,	que tu aies,	qu'il ait,
que nous ayons,	que vous ayez,	qu'ils aient.

IMPARFAIT.

Que j'eusse,	que tu eusses,	qu'il eût,
que nous eussions,	que vous eussiez,	qu'ils eussent.

PASSÉ.

Que j'aie eu,	que tu aies eu,	qu'il ait eu,
que nous ayons eu,	que vous ayez eu,	qu'ils aient eu.

PLUS-QUE-PARFAIT.

Que j'eusse eu,	que tu eusses eu,	qu'il eût eu,
que n. eussions eu,	que vous eussiez eu,	qu'ils eussent eu.

INFINITIF.

PRÉSENT.	PASSÉ.
Avoir.	Avoir eu.

PARTICIPES.

PRÉSENT.	PASSÉ SIMPLE.	PASSÉ COMPOSÉ.
Ayant.	Eu, eue.	Ayant eu.

REMARQUES POUR TOUS LES VERBES.

253. — Certains temps prennent à leur terminaison l'accent circonflexe ; ce sont :

1° Le passé défini, à la première et à la seconde personne plurielle : Nous *eûmes*, vous *eûtes* ;

2° L'imparfait du subjonctif, à la troisième personne du singulier : Qu'il *eût* ;

3° Le passé antérieur, comme le passé défini, dont il est formé : Nous *eûmes* eu, vous *eûtes* eu ;

4° Le plus-que-parfait du conditionnel et le plus-que-parfait du subjonctif, comme l'imparfait du subjonctif, dont ils sont formés : Il *eût* eu, qu'il *eût* eu.

254. — L'impératif se conjugue sans pronoms sujets ; il a néanmoins pour sujets sous-entendus, *toi, nous, vous.* — Au singulier de l'impératif, il n'y a pas de première personne, parce que l'on ne se commande pas à soi-même. Les troisièmes personnes manquent également, parce que, quand on veut exprimer un commandement à la troisième personne, on se sert du subjonctif ; Ex. : *Qu'il ait* soin d'étudier, c'est-à-dire, je veux, je commande *qu'il ait* soin d'étudier.

255. — CONJUGAISON DU VERBE *ÊTRE.*

INDICATIF. — PRÉSENT.

Je suis,	tu es,	il est,
nous sommes,	vous êtes,	ils sont.

---

253. Quels sont les temps qui prennent l'accent circonflexe à leur terminaison ? — 254. Que remarque-t-on dans la conjugaison de l'impératif ? — 255. Conjuguez le verbe *être*.

IMPARFAIT.

J'étais, tu étais, il était,
nous étions, vous étiez, ils étaient.

PASSÉ DÉFINI.

Je fus, tu fus, il fut,
nous fûmes, vous fûtes, ils furent.

FUTUR ABSOLU.

Je serai, tu seras, il sera,
nous serons, vous serez, ils seront.

PASSÉ INDÉFINI.

J'ai été, tu as été, il a été,
nous avons été, vous avez été, ils ont été.

PLUS-QUE-PARFAIT.

J'avais été, tu avais été, il avait été,
nous avions été, vous aviez été, ils avaient été.

PASSÉ ANTÉRIEUR.

J'eus été, tu eus été, il eut été,
nous eûmes été, vous eûtes été, ils eurent été.

FUTUR ANTÉRIEUR.

J'aurai été, tu auras été, il aura été,
nous aurons été, vous aurez été, ils auront été.

CONDITIONNEL. — PRÉSENT *ou* FUTUR.

Je serais, tu serais, il serait,
nous serions, vous seriez, ils seraient.

PASSÉ.

J'aurais été, tu aurais été, il aurait été,
nous aurions été, vous auriez été, ils auraient été.

PLUS-QUE-PARFAIT.

J'eusse été, tu eusses été, il eût été,
nous eussions été, vous eussiez été, ils eussent été.

IMPÉRATIF. — FUTUR ABSOLU.

Sois, soyons, soyez.

(Pas de futur antérieur.)

SUBJONCTIF. — PRÉSENT *ou* FUTUR.

Que je sois, que tu sois, qu'il soit,
que nous soyons, que vous soyez, qu'ils soient.

IMPARFAIT.

Que je fusse,	que tu fusses,	qu'il fût,
que nous fussions,	que vous fussiez,	qu'ils fussent.

PASSÉ.

Que j'aie été,	que tu aies été,	qu'il ait été,
que nous ayons été,	que vous ayez été,	qu'ils aient été.

PLUS-QUE-PARFAIT.

Que j'eusse été,	que tu eusses été,	qu'il eût été,
que n. eussions été,	que vous eussiez été,	qu'ils eussent été.

INFINITIF.

PRÉSENT.	PASSÉ.
Être.	Avoir été.

PARTICIPES.

PRÉSENT.	PASSÉ SIMPLE.	PASSÉ COMPOSÉ.
Étant.	Été.	Avoir été.

Observation. En prenant le verbe *être*, tel qu'il vient d'être conjugué, et l'accompagnant du participe passé d'un verbe transitif, on aura un verbe passif, comme le modèle ci-après, lequel est donné non point comme modèle de conjugaison passive, puisque cette conjugaison n'existe pas en français, mais seulement comme l'équivalent des verbes passifs qui ont, dans certaines autres langues, leur conjugaison propre. (Voir l'observation après le nº 206.) — Il a paru convenable de placer le verbe passif après le verbe *être*, parce qu'il n'en est en réalité que la répétition pure et simple. (On fera bien de conjuguer aussi le verbe *être*, en l'accompagnant d'adjectifs.)

256. — MODÈLE DE VERBE PASSIF. — *ÊTRE AIMÉ.*

INDICATIF. — PRÉSENT.

Je suis *aimé*,	tu es...	il est...
N. sommes *aimés*,	vous êtes...	ils sont...

IMPARFAIT.

J'étais *aimé*,	tu étais...	il était...
N. étions *aimés*,	vous étiez...	ils étaient...

PASSÉ DÉFINI.

Je fus *aimé*,	tu fus...	il fut...
N. fûmes *aimés*,	vous fûtes...	ils furent...

256. Conjuguez le modèle donné comme équivalent de verbe passif.

FUTUR ABSOLU.

Je serai *aimé*,	tu seras...	il sera...
N. serons *aimés*,	vous serez...	ils seront...

PASSÉ INDÉFINI.

J'ai été *aimé*,	tu as été...	il a été...
N. avons été *aimés*,	vous avez été...	ils ont été...

PLUS-QUE-PARFAIT.

J'avais été *aimé*,	tu avais été...	il avait été...
N. avions été *aimés*,	vous aviez été...	ils avaient été...

PASSÉ ANTÉRIEUR.

J'eus été *aimé*,	tu eus été...	il eut été...
N. eûmes été *aimés*,	vous eûtes été...	ils eurent été...

FUTUR ANTÉRIEUR.

J'aurai été *aimé*,	tu auras été...	il aura été...
N. aurons été *aimés*,	vous aurez été...	ils auront été...

CONDITIONNEL. — PRÉSENT *ou* FUTUR.

Je serais *aimé*,	tu serais...	il serait...
N. serions *aimés*,	vous seriez...	ils seraient...

PASSÉ.

J'aurais été *aimé*,	tu aurais été...	il aurait été...
N. aurions été *aimés*,	vous auriez été...	ils auraient été...

PLUS-QUE-PARFAIT.

J'eusse été *aimé*,	tu eusses été...	il eût été...
N. eussions été *aimés*,	vous eussiez été...	ils eussent été...

IMPÉRATIF. — FUTUR ABSOLU.

Sois *aimé*,	soyons...	soyez...

SUBJONCTIF. — PRÉSENT *ou* FUTUR.

Que je sois *aimé*,	que tu sois...	qu'il soit...
Q. n. soyons *aimés*,	que vous soyez...	qu'ils soient...

IMPARFAIT.

Que je fusse *aimé*,	que tu fusses...	qu'il fût...
Q. n. fussions *aimés*,	que vous fussiez...	qu'ils fussent...

PASSÉ.

Que j'aie été *aimé*,	que tu aies été...	qu'il ait été...
Q. n. ayons été *aimés*,	que vous ayez été...	qu'ils aient été...

*

PLUS-QUE-PARFAIT.

Que j'eusse été *aimé*, que tu eusses été... qu'il eût été...
Q. n. euss. été *aimés*, que v. eussiez été... qu'ils eussent été...

INFINITIF.

PRÉSENT.	PASSÉ.	PARTICIPE.
Être *aimé*.	Avoir été *aimé*.	Étant, ayant été *aimé*.

EMPLOI DES AUXILIAIRES.

257. — Les verbes qui prennent l'auxiliaire *avoir* dans leurs temps composés sont, tous les verbes transitifs, une partie des verbes intransitifs et des verbes unipersonnels ; Ex. : Il *a chanté ;* Elle *avait ri ;* Il *aurait fallu.*

258. — Les verbes attributifs dont les temps composés sont formés avec l'auxiliaire *être,* sont, une partie des verbes intransitifs et des verbes unipersonnels, et tous les verbes pronominaux ; Ex. : Elle *est partie ;* Il *est résulté ;* Nous nous *sommes repentis.*

259. — Un verbe intransitif dont le participe passé ne peut venir immédiatement après un substantif, doit prendre l'auxiliaire *avoir* dans ses temps composés ; Ex. : J'ai *nui ;* J'avais *profité ;* Ils *ont joui* du présent. — On ne peut pas dire : un homme *nui,* un objet *profité,* etc. — Cependant, *obéir,* qui prend *avoir*, peut se tourner par le passif, et son participe peut venir immédiatement après un substantif : Une personne *obéie ;* cette personne *fut obéie.*

260. — On reconnaît généralement qu'un verbe intransitif prend l'auxiliaire *être* dans ses temps composés, lorsque son participe peut venir immédiatement après un substantif ; Ex. : Nous *sommes arrivés ;* Ils *sont tombés.* — On dit bien : une personne *arrivée,* une chose *tombée.*

On verra plus tard que certains verbes intransitifs prennent tantôt *avoir*, et tantôt *être.*

261. — Dans tous les cas, l'auxiliaire *avoir* est employé, lorsque le sujet est seulement représenté comme *actif,* c'est-

---

257. Quels sont les verbes qui prennent l'auxiliaire *avoir* dans leurs temps composés ? — 258. Quels sont ceux qui prennent l'auxiliaire *être ?* — 259. Quels sont les verbes intransitifs qui prennent *avoir ?* — 260. Comment voit-on qu'un verbe intransitif prend *être ?* — 261. Quel est le sens du participe, suivant qu'il est joint à *avoir* ou à *être ?*

à-dire quand on exprime seulement ce qu'il fait ; et l'auxiliaire *être*, lorsque l'on exprime non-seulement l'action du sujet, mais encore ce qu'il est, par suite de l'action faite.

Ainsi dans, L'enfant *a profité* de la leçon, il y a seulement action du sujet *enfant ;* mais dans, Ma sœur *est partie*, on dit que *ma sœur a fait l'action* de partir, et de plus, qu'elle se trouve dans l'état d'une *personne partie*.

262. — MODÈLE DES VERBES *en ER.*

PREMIÈRE CONJUGAISON. — *CHANTER.*

INDICATIF. — PRÉSENT.

Je chant e,	tu chant es,	il chant e,
nous chant ons,	vous chant ez,	ils chant ent.

IMPARFAIT.

Je chant ais,	tu chant ais,	il chant ait,
nous chant ions,	vous chant iez,	ils chant aient.

PASSÉ DÉFINI.

Je chant ai,	tu chant as,	il chant a,
nous chant âmes,	vous chant âtes,	ils chant èrent.

FUTUR ABSOLU.

Je chante rai,	tu chante ras,	il chante ra,
nous chante rons,	vous chante rez,	ils chante ront.

PASSÉ INDÉFINI.

J'ai chanté,	tu as chanté,	il a chanté,
nous avons chanté,	vous avez chanté,	ils ont chanté.

PLUS-QUE-PARFAIT.

J'avais chanté,	tu avais chanté,	il avait chanté,
nous avions chanté,	vous aviez chanté,	ils avaient chanté.

PASSÉ ANTÉRIEUR.

J'eus chanté,	tu eus chanté,	il eut chanté,
nous eûmes chanté,	vous eûtes chanté,	ils eurent chanté.

FUTUR ANTÉRIEUR.

J'aurai chanté,	tu auras chanté,	il aura chanté,
nous aurons chanté,	vous aurez chanté,	ils auront chanté.

---

262. Conjuguez le verbe *chanter*.

CONDITIONNEL. — PRÉSENT *ou* FUTUR.

Je chante rais,	tu chante rais,	il chante rait,
nous chante rions,	vous chante riez,	ils chante raient.

PASSÉ.

J'aurais chanté,	tu aurais chanté,	il aurait chanté,
nous aurions chanté,	vous auriez chanté,	ils auraient chanté.

PLUS-QUE-PARFAIT.

J'eusse chanté,	tu eusses chanté,	il eût chanté,
nous eussions chanté,	vous eussiez chanté,	ils eussent chanté.

IMPÉRATIF. — FUTUR ABSOLU.

Chant e,	chant ons,	chant ez.

FUTUR ANTÉRIEUR.

Aie chanté,	ayons chanté,	ayez chanté.

SUBJONCTIF. — PRÉSENT *ou* FUTUR.

Que je chant e,	que tu chant es,	qu'il chant e,
que nous chant ions,	que vous chant iez,	qu'ils chant ent.

IMPARFAIT.

Que je chant asse,	que tu chant asses,	qu'il chant ât,
Q. n. chant assions,	que v. chant assiez,	qu'ils chant assent.

PASSÉ.

Que j'aie chanté,	que tu aies chanté,	qu'il ait chanté,
Q. n. ayons chanté,	que v. ayez chanté,	qu'ils aient chanté.

PLUS-QUE-PARFAIT.

Que j'eusse chanté,	Q. tu eusses chanté,	qu'il eût chanté,
Q. n. euss. chanté,	Q. v. eussiez chanté,	qu'il eussent chanté.

INFINITIF.

PRÉSENT.	PASSÉ.
Chant er.	Avoir chanté.

PARTICIPES.

PRÉSENT.	PASSÉ SIMPLE.	PASSÉ COMPOSÉ.
Chant ant.	Chant é, ée.	Ayant chanté.

OBSERVATION. Pour conjuguer d'autres verbes réguliers sur le modèle *chanter*, il suffit de substituer au radical *chant* le radical du verbe que l'on veut conjuguer ; on conjuguera donc ainsi les verbes suivants : *Courber*, *dérober*, *succomber*, *accrocher*, *afficher*, *arracher*, *cacher*, *chercher*, *retrancher*, *aborder*, *accorder*, *commander*, *demander*, *agrafer*, *chauffer*, *étouffer*, *alléguer*, *distinguer*, *fatiguer*, *intriguer*, *accabler*, *assembler*, *consoler*, *accoutumer*, *affirmer*, *aimer*, *blâmer*, *cal-*

mer, enfermer, nommer, ajourner, badiner, condamner, donner, imaginer, allouer, avouer, dénouer, échouer, jouer, sécouer, couper, échapper, frapper, occuper, tromper, appliquer, démasquer, indiquer, répliquer, adorer, aspirer, conjurer, déchirer, réparer, abaisser, adresser, blesser, professer, récompenser, accepter, arrêter, compter, disputer, raconter, atténuer, attribuer, continuer, diminuer, distribuer, éternuer, habituer, naviguer, saluer, cultiver, éprouver, observer, sauver, etc. — Sur le même modèle, on conjuguera aussi, après qu'on aura vu les remarques dont ils sont l'objet, les verbes mentionnés du n° 303 au n° 313.

VALEUR DES TEMPS DE L'INDICATIF.

263. — Des huit temps de l'indicatif, il y en a :

1° *Un*, pour marquer le *présent*, c'est celui qui porte ce nom;

2° *Cinq*, pour marquer le *passé*, savoir : l'imparfait, le passé défini, le passé indéfini, le plus-que-parfait et le passé antérieur;

3° *Deux*, pour marquer le *futur;* ce sont : le futur absolu et le futur antérieur.

Néanmoins, la valeur de quelques-uns de ces temps est susceptible de varier; voici celle que l'usage a assignée à chacun d'eux, et les circonstances dans lesquelles ils sont employés :

264. — Le *présent* de l'indicatif s'emploie pour marquer une chose comme ayant lieu :

1° Au moment de la parole; Ex. : Je vous *regarde;* Il nous *écoute;*

2° Habituellement ou depuis un certain temps; Ex. : Elle *passe* une partie des nuits à travailler; Il y a deux ans qu'il *habite* cette maison.

On emploie encore le présent de l'indicatif pour marquer une chose :

1° Comme devant avoir lieu dans un avenir prochain ou hypothétique; Ex. : Nous *partons* demain; Si je *gagne* mon procès, je serai content. (Le verbe *gagne* marque ici un présent par rapport au second verbe *je serai content*);

2° Comme ayant eu lieu dans une circonstance passée; Ex. : On se *querelle*, on se *bat*, on se *raccommode*, et l'on se *quitte* bons amis. — Le présent sert, dans ce cas, à donner plus de vivacité au récit, et ne se met ainsi pour un passé que quand plusieurs verbes sont employés dans la même phrase,

---

263. Qu'est-ce que marquent les huit temps de l'indicatif? — 264. Comment s'emploie le présent de ce mode?

sous la forme du présent, et en rapport avec la même circonstance de temps.

265. — *L'imparfait* marque une chose :

1° Comme ayant eu lieu en même temps qu'une autre chose passée ; Ex. : Je *sortais* lorsqu'il arriva ;

2° Comme présente ou future, lorsque le premier verbe est au conditionnel ; Ex. : Nous serions heureux si vous *étiez* maintenant auprès de nous ; Il viendrait bientôt si on *l'appelait*, c'est-à-dire dans le cas où on *l'appellerait*. — Ainsi employé, l'imparfait équivaut au conditionnel.

266. — Le *passé défini* marque une chose comme ayant eu lieu dans un temps déterminé et complétement écoulé ; Ex. : Il *arriva hier, la semaine dernière*.

On ne dirait pas : *Il arriva ce matin, cette semaine*, parce que la journée, la semaine n'est pas complétement écoulée.

267. — Le *passé indéfini* marque une chose comme ayant eu lieu, soit dans un temps indéterminé, soit dans un temps déterminé, complétement ou non complétement écoulé ; Ex. : Il *a chanté* avec goût ; Elle *a chanté hier, ce matin*.

268. — Le *plus-que-parfait* marque une chose passée relativement à une autre également passée ; Ex. : *J'avais fini* ma tâche depuis longtemps, lorsqu'il est venu.

On l'emploie aussi, après le présent du conditionnel, dans un sens de futur antérieur ; alors il peut se tourner par le passé du conditionnel ; Ex. : Tu pourrais partir demain, si tu *avais fini* de bonne heure, c'est-à-dire dans le cas où tu *aurais fini* de bonne heure.

269. — Le *passé antérieur* marque une chose qui a eu lieu immédiatement avant une autre également passée ; Ex. : Aussitôt qu'ils *eurent chanté* ce chœur, nous partîmes.

Ce temps s'emploie en rapport avec le passé défini, comme on le voit par l'exemple précédent.

270. — Le *futur absolu* marque simplement une chose comme devant avoir lieu ; Ex. : Elle *chantera* ce soir, demain.

271. — Le *futur antérieur* marque une chose comme

---

265. Quelle est la signification de l'imparfait? — 266. Que marque le passé défini? — 267. Et le passé indéfini? — 268. Et le plus-que-parfait? — 269. Et le passé antérieur? — 270. Et le futur absolu? — 271. Que marque le futur antérieur?

devant avoir lieu avant une autre; Ex. : Il *aura fini* sa tâche quand vous reviendrez.

On emploie quelquefois ce temps dans le sens d'un passé indéfini, avec idée d'antériorité, lorsqu'il y a doute ou supposition; Ex. : S'il n'est pas venu, c'est qu'il *aura reçu* contre-ordre.

272. — Il existe encore dans l'indicatif quelques autres temps moins usités, que l'on a nommés *surcomposés*, parce qu'ils sont formés d'un temps composé de l'auxiliaire. Ces temps sont :

1° Un second passé antérieur, qui s'emploie en rapport avec un passé indéfini; Ex. : *J'ai eu chanté*; Aussitôt qu'ils *ont eu chanté*, on a applaudi;

2° Un second plus-que-parfait; il s'emploie en rapport avec le passé du conditionnel; Ex. : *J'avais eu chanté*; Si tu *avais eu fini* ce matin, tu aurais pu partir;

3° Un second futur antérieur; il s'emploie pour exprimer une chose qui aura dû être passée quand une autre chose aura eu lieu; Ex. : *J'aurai eu chanté*; Je ne sais s'il *aura eu fini* ses préparatifs pour partir hier.

EMPLOI DES TEMPS DU SUBJONCTIF.

Observation. Les règles concernant l'emploi du subjonctif sont exposées dans la syntaxe, où se trouvent également détaillés les nombreux cas relatifs à la correspondance des temps de ce mode avec le premier verbe. On connaîtra d'avance, au moyen des deux règles générales énoncées ci-après, quelle différence doit être observée dans l'emploi des temps du subjonctif.

273. — Première règle. On met ordinairement le second verbe au présent ou au passé du subjonctif, lorsqu'il dépend d'un verbe qui est au présent ou au futur; Ex. : Il faut, il faudra *qu'il finisse* sa tâche, *qu'il ait fini* sa tâche avant la nuit.

274. — Deuxième règle. Après un passé ou un conditionnel, on met le plus souvent l'imparfait ou le plus-que-parfait du subjonctif; Ex. : Il fallait, il faudrait *qu'il finît* sa tâche, *qu'il eût fini* sa tâche avant la nuit.

---

272. L'indicatif n'a-t-il pas encore d'autres temps? — 273. Après quels temps met-on ordinairement le présent et le passé du subjonctif? — 274. Quand emploie-t-on l'imparfait et le plus-que-parfait de ce mode?

Ces deux règles comportent quelques exceptions, qui ont dû être réservées pour la syntaxe.

OBSERVATION. Pour modèles des conjugaisons qui vont suivre, on a pris les verbes *finir*, *prévoir* et *rompre*, parce que ces verbes n'offrent rien d'irrégulier ni d'exceptionnel, soit dans leurs radicaux, soit dans leurs terminaisons.

Les conjugaisons de ces trois verbes sont placées parallèlement sur la même page, pour qu'il soit facile de voir que toutes leurs terminaisons, à l'exception de celles du présent de l'infinitif, sont absolument semblables. — Or, les temps personnels, c'est-à-dire les temps qui se conjuguent, ayant tous, dans les verbes réguliers en *ir*, en *oir* et en *re*, la même conjugaison, il semble peu rationnel de faire de ces verbes trois sortes de conjugaisons, que peut-être il eût été préférable de comprendre sous une seule et même dénomination, en distinguant en français deux conjugaisons seulement : celle des verbes *en er* et celle des verbes *non en er*.

Jusqu'à ce que l'usage ait consacré cette réforme, en renonçant à une classification qui n'a pu être admise que par imitation du latin, nous conserverons, au moins pour la forme, la distinction des quatre conjugaisons, mais en maintenant pour les verbes *non en er*, le principe de similitude qui ressort évidemment de la comparaison de ces verbes.

275. — MODÈLES DES VERBES *non en ER*.

2e CONJUGAISON en *ir*.		3e CONJUGAISON en *oir*.		4e CONJUGAISON en *re*.	
FINIR.		*PRÉVOIR.*		*ROMPRE.*	
		INDICATIF. — PRÉSENT.			
Je fini	s.	Je prévoi	s.	Je romp	s.
Tu fini	s.	Tu prévoi	s.	Tu romp	s.
Il fini	t.	Il prévoi	t.	Il romp	t.
Nous finiss	ons.	Nous prévoy	ons.	Nous romp	ons.
Vous finiss	ez.	Vous prévoy	ez.	Vous romp	ez.
Ils finiss	ent.	Ils prévoi	ent.	Ils romp	ent.
		IMPARFAIT.			
Je finiss	ais.	Je prévoy	ais.	Je romp	ais.
Tu finiss	ais.	Tu prévoy	ais.	Tu romp	ais.
Il finiss	ait.	Il prévoy	ait.	Il romp	ait.

275. Conjuguez d'abord en entier chacun des trois verbes *finir*, *prévoir* et *rompre*. En second lieu, conjuguez simultanément chaque temps de ces trois verbes, en disant, par exemple, le présent de l'indicatif de *prévoir* après celui de *finir*, et le présent de l'indicatif de *rompre* après celui de *prévoir*. En troisième lieu, conjuguez les trois verbes ensemble par personnes, en suivant l'ordre horizontal, ainsi : *Je finis, je prévois, je romps*, etc.

Nous finiss	ions.	Nous prévoy	ions.	Nous romp	ions.
Vous finiss	iez.	Vous prévoy	iez.	Vous romp	iez.
Ils finiss	aient.	Ils prévoy	aient.	Ils romp	aient.

PASSÉ DÉFINI.

Je fin	is.	Je prév	is.	Je romp	is.
Tu fin	is.	Tu prév	is.	Tu romp	is.
Il fin	it.	Il prév	it.	Il romp	it.
Nous fin	îmes,	Nous prév	îmes.	Nous romp	îmes.
Vous fin	îtes.	Vous prév	îtes.	Vous romp	îtes.
Ils fin	irent.	Ils prév	irent.	Ils romp	irent.

OBSERVATION. Au passé défini, certains verbes en *ir*, en *oir* et en *re* remplacent l'*i* de la terminaison par *u* : Courir, *je courus;* recevoir, *je reçus ;* connaître, *je connus*. Il en est de même à l'imparfait du subjonctif : que *je courusse*, que *je reçusse*, que *je connusse*. — Les verbes en *enir*, comme *tenir*, *venir*, remplacent, dans ces temps, l'*i* par *in :* Je *tins*, que je *tinsse ;* je *vins*, que je *vinsse*.

FUTUR ABSOLU.

Je fini	rai.	Je prévoi	rai.	Je romp	rai.
Tu fini	ras.	Tu prévoi	ras.	Tu romp	ras.
Il fini	ra.	Il prévoi	ra.	Il romp	ra.
Nous fini	rons.	Nous prévoi	rons.	Nous romp	rons.
Vous fini	rez.	Vous prévoi	rez.	Vous romp	rez.
Ils fini	ront.	Ils prévoi	ront.	Ils romp	ront.

PASSÉ INDÉFINI.

J'ai fini, etc.	J'ai prévu, etc.	J'ai rompu, etc. (1)

PLUS-QUE-PARFAIT.

J'avais fini.	J'avais prévu.	J'avais rompu.

PASSÉ ANTÉRIEUR.

J'eus fini.	J'eus prévu.	J'eus rompu.

FUTUR ANTÉRIEUR.

J'aurai fini.	J'aurai prévu.	J'aurai rompu.

CONDITIONNEL. — PRÉSENT *ou* FUTUR.

Je fini	rais.	Je prévoi	rais.	Je romp	rais.
Tu fini	rais.	Tu prévoi	rais.	Tu romp	rais.
Il fini	rait.	Il prévoi	rait.	Il romp	rait.
Nous fini	rions.	Nous prévoi	rions.	Nous romp	rions.
Vous fini	riez.	Vous prévoi	riez.	Vous romp	riez.
Ils fini	raient.	Ils prévoi	raient.	Ils romp	raient.

(1) Les temps composés étant formés comme ceux de la première conjugaison, il a suffi d'en indiquer ici la première personne, pour que les élèves les complètent eux-mêmes, en consultant ceux du verbe *chanter*.

OBSERVATION. Pour simplifier la conjugaison du futur et du conditionnel, et n'avoir à ces deux temps qu'une seule forme de terminaisons commune à tous les verbes, on a compris dans leur radical (à la 1re, à la 2e et à la 3e conjugaison), les lettres *e*, *i*, *oi*, qui font partie de la terminaison du présent de l'infinitif, dont le futur et le conditionnel sont dérivés.

PASSÉ.

J'aurais fini.	J'aurais prévu.	J'aurais rompu.

PLUS-QUE-PARFAIT.

J'eusse fini.	J'eusse prévu.	J'eusse rompu.

IMPÉRATIF. — FUTUR ABSOLU.

Fini	s.	Prévoi	s.	Romp	s.
Finiss	ons.	Prévoy	ons.	Romp	ons.
Finiss	ez.	Prévoy	ez.	Romp	ez.

FUTUR ANTÉRIEUR.

Aie fini.	Aie prévu.	Aie rompu.

SUBJONCTIF. — PRÉSENT *ou* FUTUR.

Que je finiss	e.	Que je prévoi	e.	Que je romp	e.
Que tu finiss	es.	Que tu prévoi	es.	Que tu romp	es.
Qu'il finiss	e.	Qu'il prévoi	e.	Qu'il romp	e.
Que n. finiss	ions.	Que n. prévoy	ions.	Que n. romp	ions.
Que v. finiss	iez.	Que v. prévoy	iez.	Que v. romp	iez.
Qu'ils finiss	ent.	Qu'ils prévoi	ent.	Qu'ils romp	ent.

IMPARFAIT.

Que je fin	isse.	Que je prév	isse.	Que je romp	isse.
Que tu fin	isses.	Que tu prév	isses.	Que tu romp	isses.
Qu'il fin	ît.	Qu'il prév	ît.	Qu'il romp	ît.
Que n. fin	issions.	Que n. prév	issions.	Que n. romp	issions.
Que v. fin	issiez.	Que v. prév	issiez.	Que v. romp	issiez.
Qu'ils fin	issent.	Qu'ils prév	issent.	Qu'ils romp	issent.

PASSÉ.

Que j'aie fini.	Que j'aie prévu.	Que j'aie rompu.

PLUS-QUE-PARFAIT.

Que j'eusse fini.	Que j'eusse prévu.	Que j'eusse rompu.

INFINITIF. — PRÉSENT.

Fin	ir.	Prév	oir.	Romp	re.

PASSÉ.

Avoir fini.	Avoir prévu.	Avoir rompu.

PARTICIPES. — PRÉSENT.

Finiss	ant.	Prévoy	ant.	Romp	ant.

PASSÉ SIMPLE.

Fin i, ie. Prév u, ue. Romp u, ue.

PASSÉ COMPOSÉ.

Ayant fini. Ayant prévu. Ayant rompu.

CONJUGUER sur *finir*, les verbes : *Abolir*, *accomplir*, *adoucir*, *affaiblir*, *affermir*, *agir*, *agrandir*, *applaudir*, *avertir*, *bâtir*, *blanchir*, *brunir*, *chérir*, *choisir*, *compatir*, *convertir*, *croupir*, *dégarnir*, *dégourdir*, *dégrossir*, *démolir*, *dépérir*, *divertir*, *durcir*, *éblouir*, *élargir*, *embellir*, *emplir*, *engloutir*, *ennoblir*, *enrichir*, *ensevelir*, *envahir*, *établir*, *fléchir*, *flétrir*, *fleurir*, *fournir*, *franchir*, *frémir*, *garantir*, *gémir*, *guérir*, *investir*, *jouir*, *languir*, *maigrir*, *nourrir*, *obéir*, *pâlir*, *punir*, *ralentir*, *réussir*, *saisir*, *salir*, *tarir*, *trahir*, *unir*, *vernir*, etc., et ceux dont les temps primitifs sont indiqués au nº 300.

CONJUGUER sur *prévoir*, les verbes *pourvoir*, *surseoir*, et les verbes en *evoir*, dont les temps primitifs sont indiqués au nº 301. (Voir auparavant les remarques sur ces derniers verbes, nºˢ 283 et 285.)

CONJUGUER sur *rompre*, les verbes dont les temps primitifs sont indiqués au nº 302.

TERMINAISONS GÉNÉRALES DES TEMPS.

276. — Les terminaisons générales qui distinguent, dans chaque temps, les personnes entre elles, sont :

	AU SINGULIER,			AU PLURIEL,	
1ʳᵉ personne :	*e.*	*s.*	*ai.*	*ons.*	*mes.*
2ᵉ personne :	*es.* (*e*).	*s.*	*as.*	*ez.*	*tes.*
3ᵉ personne :	*e.*	*t.*	*a.*	*ent.*	*ont.*

277. — Au singulier, on remarque :

1º Les terminaisons *e*, *es*, *e*, au présent de l'indicatif de la première conjugaison et de quelques verbes irréguliers de la seconde, et au présent du subjonctif de tous les verbes; — les terminaisons *e*, *es*, *t*, à l'imparfait du subjonctif de tous les verbes; — la terminaison *e*, au singulier de l'impératif, toutes les fois que la première personne du présent de l'indicatif finit par *e*;

2º Les terminaisons *ai*, *as*, *a*, au passé défini de la première conjugaison, et au futur de l'indicatif de tous les verbes;

3º Les terminaisons *s*, *s*, *t*, à tous les autres temps.

278. — Au pluriel, on remarque :

1º Les terminaisons *ons*, *ez*, à tous les temps, excepté au passé défini;

---

276. Quelles sont les terminaisons générales qui distinguent les personnes entre elles? — 277-278. A quels temps du verbe ces terminaisons appartiennent-elles, au singulier, au pluriel?

2° Les terminaisons *mes*, *tes*, au passé défini de tous les verbes, et, comme terminaisons irrégulières, au présent de l'indicatif dans, nous *sommes*, vous *êtes*, vous *dites*, vous *faites*;

3° La terminaison *ent*, à tous les temps, excepté au futur de l'indicatif;

4° La terminaison *ont*, au futur de l'indicatif de tous les verbes, et, comme terminaison irrégulière, au présent de l'indicatif dans, ils *ont*, ils *sont*, ils *vont*, ils *font*.

TABLEAU RÉCAPITULATIF DE LA CONJUGAISON.

279. — 1° TEMPS PERSONNELS.

Pronoms sujets:	JE.	TU.	IL.	NOUS.	VOUS.	ILS.
INDICATIF.						
PRÉSENT.						
1re *conjugaison*....	e.	es.	e.	ons.	ez.	ent.
2e, 3e, 4e *conjug*...	s.	s.	t.	ons.	ez.	ent.
IMPARFAIT.						
1re, 2e, 3e, 4e *conjug*.	ais.	ais.	ait.	ions.	iez.	aient.
PASSÉ DÉFINI.						
1re *conjugaison*....	ai.	as.	a.	âmes.	âtes.	èrent.
2e, 3e, 4e *conjug*...	is.	is.	it.	îmes.	îtes.	irent.
Ou bien..........	us.	us.	ut.	ûmes.	ûtes.	urent.
FUTUR ABSOLU.						
1re, 2e, 3e, 4e *conjug*.	rai.	ras.	ra.	rons.	rez.	ront.
CONDITIONNEL.						
PRÉSENT.						
1re, 2e, 3e, 4e *conjug*.	rais.	rais.	rait.	rions.	riez.	raient.
IMPÉRATIF.						
FUTUR.						
1re *conjugaison*....	»	e.	»	ons.	ez.	»
2e, 3e, 4e *conjug*...	»	s.	»	ons.	ez.	»
SUBJONCTIF.						
PRÉSENT.						
1re, 2e, 3e, 4e *conjug*.	e.	es.	e.	ions.	iez.	ent.
IMPARFAIT.						
1re *conjugaison*....	asse.	asses.	ât.	assions.	assiez.	assent.
2e, 3e, 4e *conjug*...	isse.	isses.	ît.	issions.	issiez.	issent.
Ou bien..........	usse.	usses.	ût.	ussions.	ussiez.	ussent.

279. Dites les terminaisons de tous les temps personnels simples.

280. — 2° TEMPS IMPERSONNELS.

INFINITIF. — PRÉSENT : 1re *conjugaison*, er, — 2e ir, — 3e oir, — 4e re.
PARTICIPE PRÉSENT. : 1re, 2e, 3e, 4e *conjugaison*, ant.
PARTICIPE PASSÉ : 1re *conjugaison*, é (*chanté*), — 2e, 3e, 4e *conjugaison*, i, u, s, t (*fini*, *prévu*, *surpris*, *conduit*).

OBSERVATION. C'est par les terminaisons qui leur sont propres que les temps simples se distinguent entre eux. Or, comme les temps simples et notamment les temps personnels sont les seuls qui constituent réellement la conjugaison française, on voit par le tableau qui précède quels sont les temps qui n'ont, pour tous les verbes, qu'une seule et même conjugaison et quels sont ceux qui en ont deux. — Par l'examen de ce tableau, qui résume toute la conjugaison française, il est facile de se convaincre que l'on ne devrait pas admettre dans notre langue plus de deux conjugaisons. (Voir, pour les temps composés, au n° 288.)

FORMATION DES TEMPS.

281. — On reconnaît, dans les verbes français, cinq temps primitifs : le présent de l'infinitif, le participe présent, le participe passé, le présent de l'indicatif et le passé défini.

282. — Le *présent de l'infinitif* forme le futur absolu de l'indicatif et le présent du conditionnel, par le changement de *r* ou *re* en *rai*, *rais ;* Ex. : *Chanter*, je chanterai ; *finir*, je finirai ; *prévoir*, je prévoirais ; *rompre*, je romprais.

283. — REMARQUE. Les verbes en *evoir* forment le futur et le conditionnel, en changeant la terminaison *oir* de l'infinitif, en *rai*, *rais ;* Ex. : *Recevoir*, je recevrai ; *devoir*, je devrais.

284. — Le participe présent forme, en changeant *ant*, 1° en *ais*, l'imparfait de l'indicatif ; — 2° en *e*, le présent du subjonctif ; — 3° en *ons*, *ez*, *ent*, le pluriel du présent de l'indicatif et le pluriel de l'impératif ; Ex. : *Finissant*, je finissais, que je finisse, nous finissons, finissez.

OBSERVATION. Il arrivera souvent que les mots *conditionnel*, *impératif* et *infinitif*, seront employés par abréviation, pour désigner le temps simple qui commence chacun de ces modes ; comme ces derniers n'ont qu'un seul temps simple, cette façon de parler ne peut donner lieu à aucune confusion.

---

280. Dites celles des temps simples impersonnels. — 281. Combien reconnaît-on de temps primitifs et quels sont-ils? — 282. Quels sont les dérivés du présent de l'infinitif? — 283. Comment se fait la formation du futur et du conditionnel, dans les verbes en *evoir* ? — 284. Quels sont les dérivés du participe présent ?

285. — Remarque. Les verbes en *evoir* changent en outre *ev* du participe présent en *oiv*, pour former les dérivés dont le radical est suivi d'un *e* muet ; Ex. : *Recevant*, ils reçoivent, que je reçoive.

Observation. Cette irrégularité est la seule que renferment les verbes en *evoir*. Parmi les verbes en *oir*, on ne compte que les trois suivants qui soient réguliers : *prévoir*, *pourvoir* et *surseoir*.

286. — La même irrégularité, qui vient d'être signalée dans la formation des dérivés du participe présent, a lieu pour un grand nombre de verbes, parce que la dernière syllabe d'un mot étant muette, l'avant-dernière ne doit jamais l'être.— Souvent aussi un son sourd se change en son grave ou ouvert, devant une finale muette ; Ex. : *Menant*, il mène, qu'il mène ; *apprenant*, ils apprennent ; *venant*, ils viennent ; *pouvant*, ils peuvent ; *mourant*, ils meurent. (Voir nos 310 et 311.)

287. — Le *participe passé* entre dans tous les temps composés, lesquels, comme on l'a déjà vu, sont nommés ainsi, parce qu'ils sont formés de la réunion du participe passé avec un temps de verbe auxiliaire.

Observation. Le participe passé n'est point un véritable temps primitif, puisqu'il ne donne pas seulement son radical à d'autres temps, et réciproquement les temps composés ne sont point des dérivés.

288. — Il n'y a, dans les temps composés, d'autre conjugaison que celle de l'auxiliaire, et ce qui les distingue les uns des autres, c'est la différence du temps de l'auxiliaire dont chacun d'eux est formé. Voici le tableau de leur formation par l'auxiliaire :

1° Le passé indéfini		*le présent de l'indicatif.*
2° Le plus-que-parfait de l'indic.		*l'impurfait de l'indicatif.*
3° Le passé indéfini		*le passé défini.*
4° Le futur antérieur de l'indic.	est	*le futur absolu de l'indicat.*
5° Le passé du conditionnel		*le présent du conditionnel.*
6° Le plus-que-parfait du cond.	FORMÉ	*l'imparfait du subjonctif.*
7° Le futur antérieur de l'impér.		*le futur absolu de l'impérat.*
8° Le passé du subjonctif	avec	*le présent du subjonctif.*
9° Le plus-que-parfait du subj.		*l'imparfait du subjonctif.*
10° Le passé de l'infinitif		*le présent de l'infinitif.*
11° Le participe passé composé		*le participe présent.*

285. Comment se fait cette formation dans les verbes en *evoir*? — 286. La même irrégularité se remarque-t-elle aussi dans d'autres verbes et quelle en est la raison ? — 287. Quels sont les temps formés avec le participe passé ? — 288. Par quoi les temps composés se distinguent-ils entre eux ?

OBSERVATION. Ce tableau indique pourquoi, dans la conjugaison, le plus-que-parfait de l'indicatif se trouve le second des temps composés : c'est parce qu'il est formé avec le second temps simple de l'indicatif de l'auxiliaire. — On remarquera que le mode conditionnel n'ayant qu'un seul temps simple, doit emprunter le second temps simple du subjonctif, pour former son second temps composé, auquel il convient de donner le nom de *plus-que-parfait*, parce que, indépendamment de sa signification, qui est parfois équivalente à celle du plus-que-parfait de l'indicatif, ce temps est formé avec un imparfait de l'auxiliaire.

289. — Le *présent de l'indicatif*, temps primitif au singulier, et dérivé au pluriel, forme la seconde personne du singulier du futur absolu de l'impératif. — Cette seconde personne est semblable, par le radical et par la terminaison, à la première du présent de l'indicatif. — En outre, ces deux temps se ressemblent au pluriel, où ils ont les mêmes terminaisons, et de plus le même radical, emprunté au participe présent ; Ex. : Je *chante*, je *finis* ; impératif : *chante, finis*.

290. — Le *passé défini* forme l'imparfait du subjonctif, en changeant *ai* en *asse*, pour la première conjugaison, et en changeant *s* en *sse*, pour les trois autres ; Ex. : Je *chantai*, que je chantasse ; Je *prévis*, je *parus*, que je prévisse, que je parusse.

VERBES IRRÉGULIERS ET VERBES DÉFECTIFS.

291. — On appelle *irréguliers*, les verbes qui ne suivent pas, dans tous leurs temps, les règles de la conjugaison.

292. — Les règles de la conjugaison consistent dans ces deux points :

1° En ce que les temps dérivés doivent prendre les radicaux de leurs temps primitifs ;

2° En ce que chaque temps simple doit avoir, à toutes ses personnes, les terminaisons qui lui sont propres, d'après la conjugaison à laquelle le verbe appartient.

293. — Un temps peut donc être irrégulier :

1° Dans son radical, comme J'*irai*, j'*enverrai*, dont les primitifs sont, *aller*, *envoyer* ;

2° Dans sa terminaison, comme Je *cueille*, il *ouvre*, qui appartiennent à la seconde conjugaison, dont les terminaisons régulières, au présent de l'indicatif, sont *s*, *t* ;

---

289. Qu'est-ce que forme le présent de l'indicatif ? — 290. Quel est le dérivé du passé défini ? — 291. Qu'appelle-t-on verbes irréguliers ? — 292. Quelles sont les règles de la conjugaison ? — 293. Comment un temps peut-il être irrégulier ?

3° En même temps dans son radical et dans sa terminaison, comme Vous *dites*, ils *font;* ces mots n'ayant ni le radical de leurs primitifs, *disant*, *faisant*, ni les terminaisons *ez, ent,* qui sont celles du présent de l'indicatif.

294. — Les temps primitifs ne peuvent jamais être irréguliers dans leur radical, parce que ce radical n'est point tenu de ressembler à celui d'un autre primitif.

Le présent de l'indicatif est quelquefois irrégulier dans sa terminaison, comme Je *veux,* je *cueille,* je *vais.*

295. — On appelle verbes *défectifs*, ceux qui manquent de certains temps ou de certaines personnes; tels sont, *absoudre*, qui ne s'emploie ni au passé défini ni à l'imparfait du subjonctif; *braire*, qui n'est usité qu'à la troisième personne et seulement à certains temps; tels sont encore, *férir*, *ouïr*, *querir*, *choir*, *déchoir*, *échoir*, *falloir*, *seoir*, *accroire*, *bruire*, *clore*, *éclore*, *frire*, *luire*, *paître*, *poindre*, *sourdre*, *traire*, etc. (Voir, à la fin de ce chapitre, la liste des verbes irréguliers et des verbes défectifs.) — Ordinairement, lorsqu'un temps primitif manque, ses dérivés manquent également.

MÉTHODE DE CONJUGAISON.

296. — Pour conjuguer un verbe régulier sur l'un des quatre modèles de conjugaison, il faut :

1° Connaître les temps primitifs du verbe à conjuguer ;

2° Donner pour radical à chaque temps dérivé celui de son primitif, en suivant, pour cette opération, les règles de la formation des temps ;

3° Ajouter au radical de chaque temps simple les terminaisons qui sont propres à ce temps, d'après la conjugaison à laquelle le verbe appartient ;

4° Former enfin chaque temps composé avec le participe passé, précédé du temps de l'auxiliaire qui convient à ce temps composé.

297. — Pour conjuguer un verbe irrégulier, il est nécessaire d'en connaître d'abord non-seulement tous les temps

---

294. Les temps primitifs peuvent-ils être irréguliers ? — 295. Qu'est-ce que les verbes défectifs? — 296. Que faut-il pour conjuguer un verbe régulier sur l'un des quatre modèles de conjugaison ? — 297. Et pour conjuguer un verbe irrégulier?

primitifs, mais encore toutes les irrégularités quant au radical et à la terminaison.

(On trouvera ces divers renseignements dans la liste des verbes irréguliers, à la fin de ce chapitre.)

298. — A l'exception des seuls verbes *aller*, *envoyer* et *renvoyer*, tous ceux de la première conjugaison sont réguliers. De plus, leur radical étant le même à tous les temps primitifs, on pourrait, à la rigueur, se dispenser d'admettre dans ces verbes la distinction de temps primitifs et de temps dérivés.

299. — Dans les verbes *non en er*, les radicaux des temps primitifs offrent souvent des différences qu'il importe de connaître pour former les dérivés; ainsi, *Finir*, qui fait au participe présent, *finissant*; *Prévoir*, qui fait, *prévoyant*, ne pourraient former avec le présent de l'infinitif, nous *finissons*, je *finissais*; nous *prévoyons*, je *prévoyais*.

Observation. La liste qui va suivre donne les temps primitifs des verbes dont la plupart manquent d'analogie, sous le rapport du radical, avec les verbes pris pour modèles de conjugaison. Néanmoins, ce ne sont point des verbes irréguliers, puisque chaque dérivé a bien le radical de son primitif, et que tous les temps simples ont bien les terminaisons qui sont propres à leur conjugaison.

Il est aussi fait mention, dans la liste ci-après, des composés dont les radicaux sont formés de la même manière que ceux des temps primitifs donnés; on y a même ajouté, quand il y a eu lieu, les homonymes de ces verbes, pour prémunir contre toute erreur d'orthographe.

TEMPS PRIMITIFS

De verbes réguliers offrant quelques difficultés.

300. — DEUXIÈME CONJUGAISON.

Bouillir, bouillant, bouilli, je bous, je bouillis.

Dormir, dormant, dormi, je dors, je dormis.

De même, *endormir*. (*Dorer* fait, je *dore*.)

Fuir, fuyant, fui, je fuis, je fuis.

Mentir, mentant, menti, je mens, je mentis.

De même, *démentir*.

Partir, partant, parti, je pars, je partis.

De même; *repartir* (partir de nouveau), et *départir*. — *Partir* et *repartir* prennent l'auxiliaire *être*. (*Parer* fait, je *pare*.)

---

298. Que remarque-t-on sur les radicaux des verbes *en er*? — 299. Et sur ceux des verbes *non en er*? — 300. Dites les temps primitifs des verbes offrant quelques difficultés, dans la deuxième conjugaison.

Répartir, répartissant, réparti, je répartis, je répartis.
Ce verbe signifie, distribuer, et se conjugue comme *finir*.

Ressortir, ressortissant, ressorti, je ressortis, je ressortis.
Signifie, être du ressort; forme ses temps primitifs comme *finir*. De même, *assortir*.

Sentir, sentant, senti, je sens, je sentis.
De même, *consentir*, *pressentir*, *ressentir*.

Servir, servant, servi, je sers, je servis.
De même, *desservir*, *resservir*. — *Asservir* forme ses temps primitifs comme *finir*. (*Serrer* fait, je *serre*.)

Sortir, sortant, sorti, je sors, je sortis.
De même, *ressortir* signifiant, sortir de nouveau. Ces deux verbes prennent l'auxiliaire *être*.

Vêtir, vêtant, vêtu, je vêts, je vêtis.
De même, *revêtir*. (*Aller* fait, je *vais*.) — On trouve dans quelques auteurs, *il vêtit*, *ils vêtissent*, au présent de l'indicatif, et *il vêtissait*, à l'imparfait : Le cocotier qui ombrage, loge, *vêtit*, nourrit. (Volt.) Toutes ces peuplades se *vêtissent* de peaux de bêtes. (Id.) Un brouillard glacé... me *vêtissait* d'orages. (Lamartine.)

301. — TROISIÈME CONJUGAISON.

Observation. En raison du très-petit nombre de verbes réguliers de cette conjugaison, on a compris dans cette liste, pour faire nombre, les verbes en *evoir*, dont les irrégularités ont déjà été mentionnées précédemment. (Voir nº 283 et 285.)

Pourvoir, pourvoyant, pourvu, je pourvois, je pourvus.

Surseoir, sursoyant, sursis, je sursois, je sursis.

Apercevoir, apercevant, aperçu, j'aperçois, j'aperçus.
De même, *concevoir*, *décevoir*, *percevoir*, *recevoir*.

Devoir, devant, dû, je dois, je dus.
De même, *redevoir*. — Les participes *dû* et *redû* ne prennent pas d'accent circonflexe au féminin ni au pluriel.

302. — QUATRIÈME CONJUGAISON.

Battre, battant, battu, je bats, je battis.
De même, *abattre*, *combattre*, *débattre*, *rabattre*, *rebattre*. — On dit au présent de l'indicatif : Je *bats*, tu *bats*, il *bat* ; le *t* du radical sert de terminaison à la troisième personne. Il en est de même dans, je *mets*, tu *mets*, il *met*, et dans, je *vêts*, tu *vêts*, il *vêt*.

Ceindre, ceignant, ceint, je ceins, je ceignis.
De même, *enceindre*, et les autres verbes en *eindre*, comme *astreindre*, *atteindre*, *aveindre*, *éteindre*, *enfreindre*, *empreindre*, *feindre*, *peindre*, *teindre*, etc. (*Saigner* fait, *saignant*, que je *saigne*.)

---

301. Dites ceux des verbes de la troisième conjugaison. — 302. Dites les temps primitifs des verbes de la quatrième conjugaison qui présentent quelques difficultés.

Conclure, concluant, conclu, je conclus, je conclus.

De même, *exclure*, qui fait au participe passé, *exclu, exclue*. (Le participe *exclus, excluse*, admis par Rivarol, n'est plus en usage.)

Conduire, conduisant, conduit, je conduis, je conduisis.

De même, *déduire, éconduire, reconduire, réduire, séduire, traduire, construire, reconstruire, détruire, instruire, cuire*, etc.

Confire, confisant, confit, je confis, je confis.

De même, *suffire*. (*Confier* fait, je *confie*, je *confierai*.)

Connaître, connaissant, connu, je connais, je connus.

De même, *méconnaître, reconnaître*, et tous les verbes en *aître*, comme *paraître*, mentionné plus loin. — Les verbes en *aître* prennent un accent circonflexe sur l'*i* devant le *t* seulement.

Coudre, cousant, cousu, je couds, je cousis.

De même, *découdre, recoudre*. (Voir plus loin, après *fendre*, la remarque sur les verbes en *dre*; voir aussi après *moudre*.)

Craindre, craignant, craint, je crains, je craignis.

De même, *contraindre, plaindre, joindre, oindre, poindre*. — Les trois verbes *craindre, contraindre* et *plaindre*, sont les seuls ayant cette consonnance qui s'écrivent avec *a*; tous les autres prennent un *e* dans la terminaison *eindre*, comme *ceindre*.

Croire, croyant, cru, je crois, je crus.

Croître, croissant, crû, je croîs, je crûs.

De même, *accroître, décroître, recroître*. — Ces derniers verbes prennent l'accent circonflexe sur l'*i*, comme le verbe *croître*, mais ne le prennent pas sur l'*u*, tandis que *croître* le prend sur l'*i* et sur l'*u*, devant un *t* et devant une seule *s*. — Le participe *crû* ne prend point l'accent circonflexe au féminin ni au pluriel.

Écrire, écrivant, écrit, j'écris, j'écrivis.

De même, *décrire, circonscrire, inscrire, prescrire, proscrire, récrire, souscrire, transcrire*.

Fendre, fendant, fendu, je fends, je fendis.

De même, *défendre, pourfendre, pendre, descendre, rendre, tendre, entendre, vendre, épandre, répandre, perdre, confondre, correspondre, fondre, répondre, tondre, mordre, tordre*, et tous les composés de ces verbes.

Remarque. Tous les verbes en *dre* qui ne font pas *indre* ou *soudre* au présent de l'infinitif, finissent au présent de l'indicatif par *ds, ds, d*, aux trois personnes du singulier; la lettre *d* du radical tient lieu de la terminaison *t*, à la troisième personne, ainsi : Je *fends*, tu *fends*, il *fend*.

— Il en est de même dans, j'*assieds*, tu *assieds*, il *assied*; il *sied*.

Lire, lisant, lu, je lis, je lus.

De même, *relire, élire, réélire*. (*Lier* fait, je *lie*, je *lierai*.)

Moudre, moulant, moulu, je mouds, je moulus.

De même *émoudre*. — D'après la remarque sur les verbes en *dre*, on dit : Je *mouds*, tu *mouds*, il *moud*; le pluriel de ces temps, prenant le radical du participe présent, fait : nous *moulons*, vous *moulez*, ils *moulent*; comme aussi on dit : Je *couds*, tu *couds*, il *coud*, nous *cousons*, vous *cousez*, ils *cousent*; les trois personnes plurielles étant dérivées du participe *cousant*.

NAÎTRE, naissant, né, je nais, je naquis.

De même, *renaître*. Ces deux verbes prennent l'auxiliaire *être*. — Ce sont les seuls verbes, avec *être*, parmi les verbes *non en er*, qui aient leur participe passé terminé par *é*, comme ceux de la première conjugaison.

NUIRE, nuisant, nui, je nuis, je nuisis.

PARAÎTRE, paraissant, paru, je parais, je parus.

De même, *apparaître, comparaître, disparaître, reparaître*. (*Parer* fait à l'imparfait, je *parais*.)

PLAIRE, plaisant, plu, je plais, je plus.

De même, *complaire, déplaire* et *taire*, cité plus loin. (*Pleuvoir* fait au passé défini, il *plut*.)

RÉSOUDRE, résolvant, résolu *ou* résous, je résous, je résolus.

Le participe *résolu* signifie, décidé, arrêté, ayant une solution; — *résous* se dit d'une chose qui se change en une autre : Brouillard *résous* en pluie.

RIRE, riant, ri, je ris, je ris.

De même, *sourire*.

SUIVRE, suivant, suivi, je suis, je suivis.

De même, *poursuivre, s'ensuivre*. (*Être* fait, je *suis*.)

TAIRE, taisant, tu, je tais, je tus.

(*Tuer* fait au présent de l'indicatif, je *tue*.)

VAINCRE, vainquant, vaincu, je vaincs, je vainquis.

De même, *convaincre*. — Au présent de l'indicatif, on dit : je *vaincs*, tu *vaincs*, il *vainc*; à la troisième personne, le *c* du radical tient lieu du *t* de la terminaison. (*Venir* fait au passé défini, je *vins*.)

VIVRE, vivant, vécu, je vis, je vécus.

De même, *survivre*. (Le verbe *voir* fait au passé défini, je *vis*.)

REMARQUES PARTICULIÈRES
SUR L'ORTHOGRAPHE DE CERTAINS VERBES.

1° VERBES *en er*.

303. — Dans les verbes *en er*, l'*e* de la terminaison de l'infinitif fait partie du radical de ses dérivés, et doit toujours se trouver devant les terminaisons *rai, rais*, du futur de l'indicatif et du conditionnel. Ainsi, quoique cet *e* soit nul dans la prononciation du futur et du conditionnel, parce qu'il est précédé d'une voyelle, il faut écrire de cette

303. De quelle lettre fait-on précéder les terminaisons du futur et du conditionnel, dans les verbes *en er*?

façon : Je *prierai*, je *suppléerais*, je *jouerai*, je *remuerais*, etc.

Cette remarque est surtout utile à faire pour les verbes en *ier*, *yer*, *éer*, *ouer*, *uer*, dans lesquels la prononciation de l'*e* est nulle devant *rai*, *rais*, et ne se fait sentir que par un prolongement de son.

Il faut excepter de ce qui vient d'être dit les trois verbes irréguliers, *aller*, *envoyer*, *renvoyer*, qui font, j'*irai*, j'*enverrai*, je *renverrais*.

On doit aussi remarquer que les verbes en *éer*, comme *créer*, *agréer*, *suppléer*, ont au participe passé féminin trois *e* de suite : *créée*, *agréée*, *suppléée*.

304. — Les verbes en *er* et ceux des autres conjugaisons, lorsque leur participe présent est en *illant* (avec *ll* mouillées), en *iant*, ou *yant*, se prononcent de la même manière aux deux premières personnes plurielles de l'imparfait de l'indicatif et du présent du subjonctif, qu'à celles du présent de l'indicatif.

Mais, après le radical finissant par *ill*, par *i* ou par *y*, on met les terminaisons *ions*, *iez*, à l'imparfait de l'indicatif et au présent du subjonctif, tandis que les terminaisons du présent de l'indicatif sont, *ons*, *ez*; Ex. : Présent de l'indicatif : Nous *travaillons*, vous *cueillez*; Nous *prions*, vous *riez*; Nous *payons*, vous *fuyez*, vous *croyez* ; — Imparfait de l'indicatif et présent du subjonctif : Nous *travaillions*, que vous *cueilliez* ; Nous *priions*, que vous *riiez* ; Nous *payions*, que vous *fuyiez*, que vous *croyiez*.

Il faut en excepter : *que nous ayons*, *que vous ayez*, formés de *ayant*, et *que nous soyons*, *que vous soyez*.

305. — Pour voir à quel temps sont ces verbes, et si l'on doit les écrire avec les terminaisons *ons*, *ez*, ou avec *ions*, *iez*, on les tourne par le participe présent précédé du verbe *être* ; Ex. : Nous *travaillons* en ce moment, c'est-à-dire, nous *sommes* travaillant; Nous *travaillions* pendant qu'il dormait, c'est-à-dire, nous *étions* travaillant ; Il faut que nous *travaillions*, c'est-à-dire, que nous *soyons* travaillant.

306. — Les verbes en *er* et ceux des autres conjugai-

---

304. Quelle remarque fait-on sur les verbes dont le participe présent est en *illant*, *iant* ou *yant* ? — 305. Comment voit-on à quel temps sont ces verbes ? — 306. Quand les verbes ayant le participe présent en *yant*, changent-ils *y* en *i* ?

sons, lorsque leur participe présent est en *yant*, changent *y* en *i* devant un *e* muet ; Ex. : Essuyant, il *essuie*, il *essuiera ;* Ployant, il *ploie*, il *ploiera*; Fuyant, ils *fuient*, que je *fuie ;* Prévoyant, ils *prévoient*, que je *prévoie ;* Croyant, ils *croient*, que je *croie ;* Ayant, que j'*aie*, qu'ils *aient*.

Excepté : Grasseyant, il *grasseye ;* asseyant, ils *asseyent*.

307. — Remarque. Dans les verbes en *ayer*, on peut indifféremment mettre un *i*, ou conserver l'*y* devant un *e* muet : Il *paie* ou il *paye*. (L'Académie conserve toujours l'*y*.)

Cependant, lorsque la prononciation fait entendre le son d'un *y*, il vaut mieux ne pas remplacer cette lettre par un *i ;* Ex. : Il *raye*, il *enraye*, il *rayera*.

308. — Dans les verbes en *ger*, pour adoucir la prononciation du *g*, on fait suivre cette consonne d'un *e* muet, devant *a*, *o ;* Ex. : *Changeant*, il *changea ;* Nous *mangeons*, il *mangeait ;* Tu *abrégeas*, ils *abrégeaient*.

Les verbes en *cer*, pour la même raison que les précédents, prennent une cédille sous le *ç* devant *a*, *o ;* Ex. : *Menaçant*, il *menaça ;* Nous *plaçons*, il *plaçait ;* Tu *plaças*, ils *plaçaient*.

309. — La plupart des verbes en *eler* et en *eter* doublent la consonne *l* ou *t* devant un *e* muet, pour donner à l'*e* qui précède le son d'*è* ouvert ; Ex. : Appeler, il *appelle ;* Jeter, il *jette*, il *jettera*.

310. — Exception. Le redoublement de la consonne *l* ou *t* n'a point lieu dans les verbes suivants : *bourreler*, *celer*, *déceler*, *démanteler*, *écarteler*, *geler*, *harceler*, *marteler*, *modeler*, *peler*, — *acheter*, *becqueter*, *caqueter*, *crocheter*, *décolleter*, *étiqueter*, *haleter*, *voleter*, qui changent seulement l'*e* muet en *è* ouvert avec accent grave, devant *l*, *t*, lorsque ces consonnes sont suivies d'un *e* muet ; Ex. : Il *décèle*, il *gèle*, il *pèlerait*, tu *achètes*, elle *caquètera*, etc.

On écrit avec deux *t* : il *époussette*, et avec un seul *t*, en conservant l'*e* muet : j'*époussetterai*, j'*époussetterais*.

---

307. Quels sont ceux qui peuvent conserver l'*y* devant un *e* muet? — 308. Qu'y a-t-il de particulier dans l'orthographe des verbes en *ger* ? Et dans celle des verbes en *cer* ? — 309. Et dans celle des verbes en *eler* et en *eter* ? — 310. Quels sont les verbes en *eler*, *eter*, qui ne doublent pas la consonne *l* ou *t* ?

311. — A l'exception des verbes en *eler* et en *eter*, qui doublent la consonne *l*, ou *t*, devant un *e* muet, tous les autres verbes en *er* qui ont un *e* muet devant la dernière syllabe de l'infinitif, changent cet *e* muet en *è* ouvert devant une syllabe muette; Ex. : Semer, je *sème*, je *sèmerai*; Mener, il *mène*, il *mènera*; Lever, tu *lèves*, tu *lèverais*.

312. — Dans les verbes en *éler* et en *éter*, comme *recéler*, *inquiéter*, et dans tous ceux qui ont la syllabe finale de l'infinitif précédée d'un *é* fermé, comme *céder*, *régner*, on change cet *é* fermé en *è* ouvert, devant une syllabe muette; Ex. : Je *recèle*, il *inquiète*, tu *cèdes*, ils *règnent*; je *complèterai*, tu *espèrerais*.

Ce changement de l'*é* fermé ou de l'*e* muet en *è* ouvert se fait au présent de l'indicatif, à l'impératif, et au présent du subjonctif, dans les personnes terminées par *e*, *es*, *ent*; il se fait également au futur de l'indicatif et au conditionnel.

Observation. D'après un usage récent, mais qu'aucune autorité suffisante n'a encore consacré comme règle, on trouve assez fréquemment les verbes en *éler* et en *éter*, et tous ceux qui ont un *é* fermé devant la syllabe finale de l'infinitif, écrits avec *é* fermé au futur et au conditionnel; ainsi, *je recélerai*, il *inquiéterait*, nous *compléterons*, tu *céderais*, il *régnera*, vous *allégerez*, tu *espérerais*. — Sans critiquer cette orthographe, nous conservons celle qui remplace, dans tous les cas, l'*é* fermé par un *è* ouvert devant une syllabe muette, attendu que la prononciation de l'*e* est la même dans ces verbes, devant les terminaisons *erai*, *erais*, que devant *e*, *es*, *ent*.

313. — Exception. Les verbes en *éger* conservent l'*é* fermé dans toute la conjugaison; Ex. : Abréger, il *abrége*; siéger, il *siége*; alléger, il *allége*; protéger, il *protége*.

On écrit de même avec *é* fermé tous les mots en *ége*, comme *collége*, *manége*, *sacrilége*, *solfége*, *sortilége*, etc., et, d'après le même principe, l'*e* muet se change en *é* fermé devant *je*, dans les expressions de forme interrogative : *Parlé-je*, *puissé-je*, *eussé-je*, *fussé-je*, *dussé-je*, etc.

Observation. On pourra conjuguer, d'après les remarques sur les verbes en *er* :

1° *Bailler*, *détailler*, *travailler*, *sommeiller*, *veiller*, *brouiller*, *dépouiller*, *briller*, — *copier*, *décrier*, *étudier*, *fortifier*, *plier*, *parier*, *prier*, *remédier*, — *appuyer*, *ennuyer*, *essuyer*, *employer*, *fourvoyer*, *louvoyer*, *déblayer*, *effrayer*, *payer*. — 2° *Affliger*, *changer*, *corriger*, *déranger*, *engager*, — *annoncer*, *avancer*, *effacer*, *exaucer*, *menacer*.

---

311. Quels sont les verbes qui changent toujours *e* muet en *è* ouvert, devant une syllabe muette ? — **312.** Quels sont les verbes qui changent *é* fermé en *è* ouvert, et dans quel cas ? — **313.** Les verbes en *éger* changent-ils aussi l'*é* fermé en *è* ouvert ?

— 3° *Amonceler*, *appeler*, *atteler*, *chanceler*, *épeler*, *niveler*, *renouveler*, — *cacheter*, *feuilleter*, *fureter*, *jeter*, *projeter*, *rejeter*, *souffleter*. — 4° *Peser*, *égrener*, *amener*, *élever*, *grever*. — 5° *Révéler*, *compléter*, *décréter*, *interpréter*, *répéter*, — *espérer*, *différer*, *préférer*, *léser*, *rasséréner*, *refréner*, *posséder*, *succéder*, etc., et tous ceux qui sont cités du n° 303 au n° 313.

2° VERBES *non en er.*

314. — Dans les verbes en *ir*, l'*i* de la terminaison du présent de l'infinitif se trouve au radical du futur de l'indicatif et du présent du conditionnel, devant les terminaisons *rai*, *rais*; Ex. : Je *finirai*, je *finirais*.

315. — EXCEPTÉ : 1° Dans *mourir*, *courir*, *acquérir* et leurs composés, qui font : *je mourrai*, je *courrais*, *j'acquerrai*; 2° Dans *cueillir*, *recueillir* et *saillir* (être en saillie), qui font, je *cueillerai*, je *recueillerai*, il *saillera*, avec un *e* muet devant la terminaison, comme les verbes en *er*. — *Saillir*, signifiant, jaillir, fait régulièrement : il *saillira*, il *saillirait*.

316. — Les verbes en *ueillir*, *aillir*, *frir* et *vrir*, se terminent, au présent de l'indicatif et à l'impératif, comme les verbes *er*; Je *cueille*, tu *tressailles*, *j'offre*, il *ouvre*; *Cueille*, *tressaille*, *offre*, *ouvre*.

Saillir signifiant, être en saillie, fait au présent de l'indicatif, il *saille*; – signifiant jaillir, il fait, il *saillit*, et forme, dans ce dernier cas, tous ses temps comme le verbe *finir*.

317. — Les verbes en *ueillir*, *frir* et *vrir*, ainsi que ceux de la première conjugaison, prennent un *s* au singulier de l'impératif, devant les mots *en*, *y*, pronoms ou adverbes; Ex. : *Cueilles*-en; *Offres*-en ; *Donnes*-y tes soins; Voici la classe, *entres*-y et *rapportes*-en tes livres.

L'impératif *va* du verbe *aller* prend aussi une *s* devant *y*, mais non devant *en*; Ex. : *Vas*-y; — *Va* en chercher.

318. — Le verbe *bénir* prend, dans ses temps composés,

---

314. De quelle voyelle sont précédées les terminaisons du futur et du conditionnel, dans les verbes en *ir* ? — 315 Quels sont les verbes en *ir* qui font exception ? — 316. Quels sont les verbes de la seconde conjugaison, qui se terminent au présent de l'indicatif et à l'impératif comme ceux de la première ? — 317. Quand ces verbes et ceux de la première conjugaison prennent-ils une *s* au singulier de l'impératif? — 318. Quand le verbe *bénir* fait-il, au participe passé, *béni*, *bénie*?

le participe *béni*, *bénie*; Ex. : Dieu a *béni* cette famille; Le prêtre a *béni* les drapeaux.

319. — Employé sans l'auxiliaire, ou après le verbe substantif *être*, on écrit *bénit*, *bénite*, pour signifier, consacré par une cérémonie religieuse; et *béni*, *bénie*, dans toute autre acception; Ex. : Du pain *bénit*, De l'eau *bénite*; — Que *béni* soit le jour qui te rend à nos vœux!

On dit au figuré : De l'eau *bénite* de cour.

320. — Le verbe *fleurir* fait, au participe présent et à l'imparfait de l'indicatif :

1° *Fleurissant*, il *fleurissait*, dans le sens propre, pour signifier, pousser des fleurs; Ex. : Les arbres *fleurissant* au printemps; Les rosiers *fleurissaient*;

2° *Florissant*, il *florissait*, dans le sens figuré, en parlant de personnes, d'une nation, d'un pays, pour signifier, être prospère, être en honneur; Ex. : Ronsard *florissait* en France au seizième siècle; Athènes *florissait* sous Périclès.

321. — Lorsqu'on ne parle pas de personnes, ni de peuples, ni de pays, on emploie indifféremment, dans le sens figuré, l'imparfait *fleurissait* ou *florissait*; mais on doit, dans tous les cas, se servir, pour le sens figuré, du participe *florissant*; Ex. : Les sciences et les arts *fleurissaient* ou *florissaient* sous ce règne; — Tout était *florissant* dans l'Etat; Mes affaires ne sont pas si *florissantes*.

322. — *Haïr* prend un tréma sur l'*i* dans toute sa conjugaison, excepté au singulier du présent de l'indicatif et de l'impératif, où il fait : Je *hais*, tu *hais*, il *hait*, ne *hais* personne. (Prononcez *hè*.) Au passé défini et à l'imparfait du subjonctif, le tréma tient lieu d'accent circonflexe : Nous *haïmes*, vous *haïtes*, qu'il *haït*.

323. — Certains verbes de la quatrième conjugaison se terminent au présent de l'infinitif, par *ire*, se prononçant comme ceux de la seconde conjugaison. — On reconnaît que cette terminaison s'écrit *ire*, lorsque le verbe a son

---

319. Quand fait-il *bénit*, *bénite*? — 320. Comment *fleurir* fait-il au participe présent et à l'imparfait de l'indicatif? — 321. Quand fait-il indifféremment, au figuré, *fleurissait* ou *florissait*? — 322. Quelle remarque fait-on sur le verbe *haïr*? — 323. Comment distingue-t-on les verbes en *ire* de la quatrième conjugaison, de ceux de la seconde?

participe présent en *isant* ou *ivant* ; Ex. : *Conduire*, conduisant ; *Nuire*, nuisant ; *Lire*, lisant ; *Écrire*, écrivant.

Cependant, *maudire*, *rire*, *sourire*, *bruire*, qui font, *maudissant*, *riant*, *souriant*, *bruissant*, et *frire*, qui n'a pas de participe présent, sont également de la quatrième conjugaison.

324. — Tous les verbes qui se prononcent comme *rendre*, *prétendre*, s'écrivent avec *en*, excepté *répandre* et *épandre*.

CONJUGAISON DE VERBE INTRANSITIF

AVEC L'AUXILIAIRE *être* DANS LES TEMPS COMPOSÉS.

325. — Les verbes intransitifs se conjuguent comme les verbes transitifs. Il est seulement à remarquer que, dans les temps composés formés avec l'auxiliaire *être*, le participe passé s'accorde avec le sujet.

Observation. Il serait inutile de donner en entier chacun des temps du modèle suivant; les élèves pourront aisément les compléter, en consultant la première conjugaison et celle du verbe *être*.

326. — VERBE INTRANSITIF *TOMBER*.

INDICATIF. — PRÉSENT.

Je tombe, tu tombes, etc.

IMPARFAIT.

Je tombais, tu tombais.

PASSÉ DÉFINI.

Je tombai, tu tombas.

FUTUR ABSOLU.

Je tomberai, tu tomberas.

PASSÉ INDÉFINI.

Je suis tombé *ou* tombée.
Nous sommes tombés *ou* tombées.

PLUS-QUE-PARFAIT.

J'étais tombé *ou* tombée.
Nous étions tombés *ou* tombées.

PASSÉ ANTÉRIEUR.

Je fus tombé *ou* tombée.
Nous fûmes tombés *ou* tombées.

FUTUR ANTÉRIEUR.

Je serai tombé *ou* tombée.
Nous serons tombés *ou* tombées.

CONDITIONNEL. — PRÉSENT.

Je tomberais, tu tomberais.

PASSÉ.

Je serais tombé *ou* tombée.
Nous serions tombés *ou* tombées.

PLUS-QUE-PARFAIT.

Je fusse tombé *ou* tombée.
Nous fussions tombés *ou* tombées.

---

324. Comment s'écrivent les verbes qui se prononcent comme *rendre*? — 325. Comment se conjuguent les verbes intransitifs? — 326. Conjuguez le verbe intransitif *tomber*.

IMPÉRATIF. — FUTUR ABSOLU.

Tombe, tombons.

FUTUR ANTÉRIEUR.

Sois tombé *ou* tombée.
Soyons tombés *ou* tombées.

SUBJONCTIF. — PRÉSENT.

Que je tombe, que tu tombes.

IMPARFAIT.

Que je tombasse, que tu tombasses.

PASSÉ.

Que je sois tombé *ou* tombée.
Que n. soyons tombés *ou* tombées.

PLUS-QUE-PARFAIT.

Que je fusse tombé *ou* tombée.
Q. n. fussions tombés *ou* tombées.

INFINITIF.

PRÉSENT. Tomber.

PASSÉ. Être tombé *ou* tombée.

PARTICIPES.

PRÉSENT. Tombant.

PASSÉ SIMPLE. Tombé *ou* tombée.

PASSÉ COMPOSÉ. Étant tombé, ée.

Autres verbes intransitifs à conjuguer avec *être* dans les temps composés, en prenant pour modèle de leurs temps simples, la conjugaison à laquelle ils appartiennent :

Arriver, décéder, retourner, partir, sortir, naître.

A conjuguer avec *être* ou *avoir*, les verbes suivants :

Dégénérer, demeurer, échapper, empirer, monter, passer, rester, accourir, dépérir, grandir, maigrir, vieillir, apparaître, disparaître, etc.

Et d'autres que l'on trouvera dans la liste des verbes irréguliers, à la fin de ce chapitre.

CONJUGAISON DE VERBE PRONOMINAL.

327. — La conjugaison des verbes pronominaux est semblable à celle des autres verbes, pour les terminaisons et pour la formation des temps; ces verbes ont seulement de particulier :

1° Qu'ils se conjuguent avec les deux pronoms de la même personne : *je me, tu te, il* ou *elle se, nous nous, vous vous, ils* ou *elles se ;* le premier de ces pronoms étant sujet et le second étant complément ;

2° Que le pronom complément, à l'impératif, se place après le verbe, auquel on le joint par un trait d'union ;

3° Que les temps composés prennent l'auxiliaire *être*, et que le participe passé s'accorde avec le second pronom, lorsqu'il est complément direct.

---

327. Comment se conjuguent les verbes pronominaux, et qu'est-ce que leur conjugaison a de particulier?

Observation. A l'exception du verbe *s'arroger*, tous les verbes essentiellement pronominaux ont pour complément direct le second pronom; pour ces verbes particulièrement, on pourrait donc dire que, dans les temps composés, le participe prend le genre et le nombre du sujet, puisque le second pronom désigne la même personne ou la même chose que le sujet.

328. — Il est à remarquer que, dans les verbes pronominaux, l'auxiliaire *être* est mis pour *avoir*, parce que l'idée que l'on rapporte au sujet est seulement une idée d'action; Ex. : Je me *suis* blessé; Ils se *sont* promenés, c'est-à-dire j'*ai* blessé moi, ils *ont* promené eux.

Observation. Ce qui explique l'emploi de l'auxiliaire *être* dans les temps composés des verbes pronominaux, c'est que, le second pronom étant complément direct, le participe exprime en même temps l'action et l'état de la même personne, représentée par le sujet qui fait l'action et par le second pronom qui la reçoit; ainsi dans : *Ma sœur s'est blessée*, on parle de *ma sœur ayant fait l'action de blesser*, et en même temps de *ma sœur blessée.*

329. — Ces verbes, nommés pronominaux à cause des deux pronoms personnels qui les accompagnent, sont aussi appelés :

1° Pronominaux *réfléchis*, lorsque c'est la même personne qui fait et reçoit l'action; Ex. : Je *me suis blessé;* Elle *se flatte;*

2° Pronominaux *passifs*, lorsque l'action n'est pas faite, mais seulement reçue par le sujet; Ex. : Ce mot *se trouve* dans le dictionnaire; Cette étoffe *se vend* cher, c'est-à-dire ce mot *est trouvé*, ou *on trouve ce mot* dans le dictionnaire; *on vend cette étoffe* cher;

3° Pronominaux *réciproques*, lorsque l'action est faite par deux ou plusieurs personnes agissant les unes sur les autres; Ex. : Ils *se haïssent;* Elles *se sont injuriées; Aimez-vous* les uns les autres.

Observation. Certains verbes ont seulement la forme et non le sens de verbes pronominaux, et pourraient être appelés pronominaux *apparents;* Ex. : Nos troupes *se sont battues* avec acharnement; c'est-à-dire *ont combattu.* (Dans le modèle qui suit, les élèves auront à compléter les temps, comme au verbe intransitif donné précédemment.)

---

328. Quelle est la valeur de l'auxiliaire *être* dans les temps composés de ces verbes? Comment s'explique l'emploi de cet auxiliaire dans le cas présent? — 329. Comment divise-t-on ces verbes quant à leur signification?

330. — VERBE PRONOMINAL *SE REPENTIR*.

INDICATIF. — PRÉSENT.

Je me repens, nous nous repentons.
Tu te repens, vous vous repentez.
Ils se repent, ils se repentent.

IMPARFAIT.

Je me repentais, etc.

PASSÉ DÉFINI.

Je me repentis, etc.

FUTUR ABSOLU.

Je me repentirai, etc.

PASSÉ INDÉFINI.

Je me suis repenti *ou* repentie.

PLUS-QUE-PARFAIT.

Je m'étais repenti *ou* repentie.

PASSÉ ANTÉRIEUR.

Je me fus repenti *ou* repentie.

FUTUR ANTÉRIEUR.

Je me serai repenti *ou* repentie.

CONDITIONNEL. — PRÉSENT.

Je me repentirais, etc.

PASSÉ.

Je me serais repenti *ou* repentie.

PLUS-QUE-PARFAIT.

Je me fusse repenti *ou* repentie.

IMPÉRATIF. — FUTUR ABSOLU.

Repens-toi, repentons-nous, etc.

SUBJONCTIF. — PRÉSENT.

Que je me repente, etc.

IMPARFAIT.

Que je me repentisse, etc.

PASSÉ.

Que je me sois repenti *ou* repentie.

PLUS-QUE-PARFAIT.

Q. je me fusse repenti *ou* repentie.

INFINITIF.

PRÉSENT. Se repentir.
PASSÉ. S'être repenti, ie.
PARTICIPE PRÉSENT. Se repentant.
PASSÉ SIMPLE. Repenti, ie.
PASSÉ COMPOSÉ. S'étant repenti, ie.

Conjuguer de même, d'après la conjugaison à laquelle chacun appartient, les verbes suivants :

S'absenter, *s'agenouiller*, *s'écrier*, *s'efforcer*, *s'emparer*, *se moquer*, *s'obstiner*, *se prosterner*, *se soucier*, *s'accroupir*, *se blottir*, *s'enfuir*, *s'évanouir*, *s'abstenir*, *se souvenir*. (Voir, pour ces deux derniers, les verbes *tenir* et *venir*, nº 343, dont les irrégularités sont les mêmes pour leurs composés *s'abstenir* et *se souvenir*.) — Conjuguer, en laissant le participe invariable dans les temps composés : *s'arroger*, *se plaire*, *se nuire*, *se rire*, *se suffire*, etc.

CONJUGAISON DE VERBE UNIPERSONNEL.

331. — Ces verbes, qui ne s'emploient qu'à la troisième

---

330. Conjuguez le verbe *se repentir*. — 331. Comment se conjuguent les verbes unipersonnels ?

personne du singulier, ressemblent, pour cette personne, aux autres verbes. Les uns, comme il a déjà été dit, prennent dans leurs temps composés l'auxiliaire *avoir*, et d'autres, l'auxiliaire *être*.

332. — Quelquefois, un verbe pronominal s'emploie unipersonnellement ; Ex. : *Il se trouve* des gens qui pensent ainsi ; *Il se peut* que vous ayez raison ; *Il s'est vendu* beaucoup d'oranges. — Le pronom *se* n'est alors complément direct que pour la construction et non pour le sens. — Le verbe unipersonnel *il y a, il y avait*, s'emploie dans le sens de, *il existe, il existait*.

333. — VERBE UNIPERSONNEL *PLEUVOIR*.

INDICATIF.

Présent	Il pleut.
Imparfait	Il pleuvait.
Passé défini	Il plut.
Futur absolu	Il pleuvra.
Passé indéfini	Il a plu.
Plus-que-parfait	Il avait plu.
Passé antérieur	Il eut plu.
Futur antérieur	Il aura plu.

CONDITIONNEL.

Présent	Il pleuvrait.
Passé	Il aurait plu.
Plus-que-parfait	Il eût plu.

SUBJONCTIF.

Présent	Qu'il pleuve.
Imparfait	Qu'il plût.
Passé	Qu'il ait plu.
Plus-que-parfait	Qu'il eût plu.

INFINITIF.

Présent	Pleuvoir.
Passé	Avoir plu.

PARTICIPES.

Présent	Pleuvant.
Passé	Plu, ayant plu.

Conjuguez de même, d'après leurs conjugaisons respectives :

1° Avec *avoir* : Il *bruine*, il *éclaire*, il *grésille*, il *faut*, il *importe*, il *neige*, il *tonne*;

2° Avec *être* : Il *résulte*, il *arrive*, il *s'agit* (il s'est agi), il *s'en faut*, etc.

Le verbe *pleuvoir* s'emploie quelquefois, au figuré, à la troisième personne plurielle : Les feuilles *pleuvent* autour des arbres.

La Fontaine a employé ce verbe de la manière suivante:

D'où cet enfant *est-il plu?* Comme a-t-on
Trouvé céans ce petit champignon?

---

332. Un verbe peut-il être en même temps pronominal et unipersonnel? — 333. Conjuguez le verbe *pleuvoir*.

CONJUGAISON INTERROGATIVE.

334. — Un verbe est dit *interrogatif*, ou conjugué interrogativement, lorsque, pour exprimer une interrogation, ou quelquefois une exclamation, on le fait suivre du pronom sujet, que l'on joint au verbe par un trait d'union ; Ex. : *Viens-tu ? Sortirez-vous ? Puissiez-vous* être heureux !

335. — Les temps de l'indicatif et ceux du conditionnel sont les seuls qui puissent servir à exprimer une interrogation, et conséquemment prendre la forme interrogative. Cependant on dit au subjonctif, pour exprimer ou un souhait ou une supposition : *Puissé-je, puisses-tu ; dussé-je, dusses-tu ; eussé-je, eusses-tu ; eût-il, eussions-nous,* etc.

Le passé antérieur ne peut servir à exprimer une interrogation ; cependant, le pronom sujet se rejette quelquefois après les personnes de ce temps, comme dans : A peine *eus-je terminé,* à peine *fûmes-nous partis* qu'il arriva.

336. — Ordinairement, la première personne du présent de l'indicatif, quand elle est monosyllabe, ne prend pas la forme interrogative ; ainsi, au lieu de, *vends-je, sors-je, mens-je, dors-je,* etc., il faut dire, *est-ce que je vends, est-ce que je sors,* etc.

On fait de même pour la plupart des verbes en *ger* ; ainsi, il faut dire : *Est-ce que* je mange ? *est-ce que* je bouge ? *est-ce que* je nage ? *est-ce que* j'abrége ? *est-ce que* je protége ? et non, *mangé-je, bougé-je, abrégé-je ?* etc.

337. — Cependant, on emploie à la première personne, avec la forme interrogative, les monosyllabes suivants : *Ai-je, suis-je, vais-je, dis-je, fais-je, crois-je, puis-je, dois-je, vois-je, veux-je ?*

338. — L'*e* muet qui termine la première personne, se change en *é* fermé devant le pronom *je* (d'après le principe émis n° 313) ; Ex. : *Parlé-je ? Puissé-je, dussé-je, eussé-je* parlé.

339. — Lorsque la troisième personne du singulier finit par *e* ou par *a*, on met après le verbe et devant les pro-

---

334. Qu'appelle-t-on verbe interrogatif ? — 335. Quels sont les temps qui prennent la forme interrogative ? — 336. Quand cette forme n'est-elle pas possible à la première personne du présent de l'indicatif ? — 337. Quels sont les monosyllabes qui prennent la forme interrogative ? — 338. Comment se change l'*e* muet final du verbe devant *je* ? — 339. Quand se sert-on du *t* euphonique ?

noms *il*, *elle*, *on*, un *t* euphonique entre deux traits d'union ; cette lettre est destinée à empêcher un hiatus, c'est-à-dire la rencontre de deux voyelles; Ex. : *Viendra-t-il?* *Parle-t-elle?* Que *pense-t-on* de cela? Où *va-t-on?*

Il faut écrire ainsi, et non avec deux traits d'union : *Va-t'en*; — dans l'impératif du verbe *s'en aller*, le pronom complément *toi* ou *t'* mis pour *te* devant *en*, ne doit pas être confondu avec le *t* euphonique.

340. — Dans les temps composés, le pronom sujet se place entre l'auxiliaire et le participe; Ex. : *As-tu fini?* Quand *seront-ils partis?* Où *a-t-on mis* mon cheval?

341. — VERBE INTERROGATIF *PARLER*.

INDICATIF.

PRÉSENT.........	Parlé-je?	parles-tu?	parle-t-il?
	Parlons-nous?	parlez-vous?	parlent-ils?
IMPARFAIT........	Parlais-je?	parlais-tu?	parlait-il? etc.
PASSÉ DÉFINI.....	Parlai-je?	parlas-tu?	parla-t-il?
FUTUR ABSOLU....	Parlerai-je?	parleras-tu?	parlera-t-il?
PASSÉ INDÉFINI...	Ai-je parlé?	as-tu parlé?	a-t-il parlé?
PLUS-QUE-PARFAIT.	Avais-je parlé?	avais-tu parlé?	avait-il parlé?
PASSÉ ANTÉRIEUR.	Eus-je parlé,	eus-tu parlé,	eut-il parlé.
FUTUR ANTÉRIEUR.	Aurai-je parlé?	auras-tu parlé?	aura-il parlé?

CONDITIONNEL.

PRÉSENT.........	Parlerais-je?	parlerais-tu?	parlerait-il?
PASSÉ............	Aurais-je parlé?	aurais-tu parlé?	aurait-il parlé?
PLUS-QUE-PARFAIT.	Eussé-je parlé?	eusses-tu parlé?	eût-il parlé?

LISTE

DES VERBES IRRÉGULIERS ET DES VERBES DÉFECTIFS

Avec leurs temps primitifs et leurs diverses irrégularités.

OBSERVATION. Dans la liste qui va suivre, lorsque la même irrégularité se trouvera à toutes les personnes d'un temps, on se bornera à en citer la première personne, suivie du signe *etc.* — Lorsque le signe *etc.* ne sera pas mis après les personnes mentionnées, il faudra en conclure que le reste du temps est régulier. — Dans les citations de temps, s'il arrive que l'on ait à mentionner des personnes régulières, elles seront en *italique*. — Le présent du conditionnel ayant toujours les mêmes irrégularités que le futur de l'indicatif, il suffira de faire connaître ce dernier

340. Où se met le pronom sujet dans les temps composés? — 341. Conjuguez interrogativement le verbe *parler*.

temps. — Il n'y aura donc à citer d'irrégularités que pour quatre temps : le *présent de l'indicatif*, le *futur de l'indicatif*, le *futur de l'impératif* et le *présent du subjonctif* (et pour l'imparfait de l'indicatif du verbe *savoir*). — Pour abréger, on désignera ainsi les quatre temps ci-dessus : *indicatif, futur, impératif, subjonctif*.

342. — PREMIÈRE CONJUGAISON.

ALLER, allant, allé *ou* été, je vais, j'allai.

INDICATIF : Je vais, tu vas, il va, *nous allons*, *vous allez*, ils vont. — FUTUR : J'irai, etc. — IMPÉRATIF : Va. — SUBJONCTIF : Que j'aille, que tu ailles, qu'il aille, *que nous allions*, *que vous alliez*, qu'ils aillent.

Le participe passé *été* s'emploie au lieu de, *allé*, lorsqu'on veut signifier qu on est revenu : Ma mère *a été* à la messe ce matin. — Quand la personne n'est pas revenue, il faut toujours se servir de, *allé* : Cette personne *est allée* à la campagne pour y passer la belle saison.

Le verbe pronominal *s'en aller* se conjugue comme *aller* ; ainsi, *je m'en vais*, *je m'en suis allé*. — Il ne faudrait pas dire : *je me suis en allé* ; le mot *en* doit se mettre devant l'auxiliaire. — *S'en aller* fait à l'impératif : *va-t'en*, *allons-nous-en*, *allez-vous-en*.

ENVOYER, envoyant, envoyé, j'envoie, j'envoyai.

FUTUR : J'enverrai, etc. — De même, *renvoyer*.

343. — DEUXIÈME CONJUGAISON.

ACQUÉRIR, acquérant, acquis, j'acquiers, j'acquis.

INDICATIF : Ils acquièrent — FUTUR : J'acquerrai, etc. — SUBJONCTIF : Que j'acquière, que tu acquières, qu'il acquière, *que nous acquérions*, *que vous acquériez*, qu'ils acquièrent. — De même, *conquérir*, *requérir*, *s'enquérir*.

ASSAILLIR, assaillant, assailli, j'assaille, j'assaillis.

INDICATIF : J'assaille, tu assailles, il assaille. — FUTUR : *J'assaillirai*. — IMPÉRATIF : Assaille. — De même, *tressaillir* et *saillir*, signifiant, être en saillie. — Comme on l'a déjà fait observer, ce dernier fait au futur : il saillera ; — mais lorsqu'il signifie *jaillir*, il est régulier et se conjugue comme *finir*.

COURIR, courant, couru, je cours, je courus.

FUTUR ; Je courrai, etc. — De même, *accourir*, *concourir*, *discourir*, *encourir*, *parcourir*, *recourir*, *secourir*.

CUEILLIR, cueillant, cueilli, je cueille, je cueillis.

INDICATIF : Je cueille, tu cueilles, il cueille. — FUTUR : Je cueillerai, etc. — IMPÉRATIF : Cueille. — De même, *accueillir*, *recueillir*.

---

342. Dites les verbes irréguliers de la première conjugaison, avec leurs temps primitifs et leurs irrégularités. — 343. Faites de même pour ceux de la seconde conjugaison. (Le maître pourra formuler ses questions en disant : Quels sont les temps primitifs et les irrégularités de tel verbe ? — Voir l'observation à la fin de ce chapitre.)

FAILLIR, faillant, failli, je faux, je faillis.

INDICATIF : Je faux, tu faux, *il faut, nous faillons.* — FUTUR : Je faudrai, etc., ou *je faillirai.* — Ce verbe est peu usité, si ce n'est au présent de l'infinitif et aux temps composés. — De même, *défaillir*, usité seulement au pluriel du présent de l'indicatif, à l'imparfait, au passé défini, et dans les temps composés.

FÉRIR, n'est usité qu'à l'infinitif et dans cette locution : *sans coup férir.*

GÉSIR, usité seulement aux formes suivantes : *gisant, il gît, nous gisons, vous gisez, ils gisent, je gisais.*

MOURIR, mourant, mort, je meurs, je mourus.

INDICATIF : *Nous mourons, vous mourez*, ils meurent. — FUTUR : Je mourrai, etc. — SUBJONCTIF : Que je meure, que tu meures, qu'il meure, *que nous mourions, que vous mouriez*, qu'ils meurent. — Le verbe *se mourir* s'emploie seulement aux temps suivants : *je me meurs, je me mourais, je me mourus ;* il a la même signification que le verbe *mourir.*

OFFRIR, offrant, offert, j'offre, j'offris.

INDICATIF : J'offre, tu offres, il offre. — IMPÉRATIF : Offre. — De même, *souffrir, ouvrir, couvrir*, et leurs composés.

OUÏR, ne s'emploie qu'au participe *ouï*, ou avec l'auxiliaire *avoir.*

QUERIR, ne se dit qu'à l'infinitif. (N'écrivez pas : *quérir.*)

TENIR, tenant, tenu, je tiens, je tins.

INDICATIF : *Nous tenons, vous tenez*, ils tiennent. — FUTUR : Je tiendrai, etc. — SUBJONCTIF : Que je tienne, que tu tiennes, qu'il tienne, *que nous tenions, que vous teniez*, qu'ils tiennent. — De même, *s'abstenir, appartenir, contenir, détenir, entretenir, maintenir, obtenir, retenir, soutenir.*

VENIR, venant, venu, je viens, je vins.

(Se conjugue comme *tenir.*) — INDICATIF : *Nous venons, vous venez*, ils viennent. — FUTUR : Je viendrai, etc. — SUBJONCTIF : Que je vienne, que tu viennes, qu'il vienne, *que nous venions, que vous veniez*, qu'ils viennent. — De même, *circonvenir, contrevenir, convenir, devenir, disconvenir, intervenir, parvenir, prévenir, provenir, revenir, se souvenir, se ressouvenir, subvenir, survenir*, et le verbe *advenir*, qui ne s'emploie qu'à la troisième personne du singulier.

344. — TROISIÈME CONJUGAISON.

ASSEOIR, asseyant ou assoyant, assis, j'assieds *ou* j'assois, j'assis.

INDICATIF : *J'assieds, tu assieds, il assied, nous asseyons, vous asseyez, ils asseyent*, ou *j'assois, nous assoyons.* — FUTUR : J'asseyerai, j'assiérai, etc., ou *j'assoirai.* — IMPÉRATIF : *Assieds* ou *assois.* — SUBJONCTIF : *Que j'asseye* ou *que j'assoie.*

CHOIR, usité seulement à l'infinitif.

---

344. Dites les verbes irréguliers de la troisième conjugaison, avec leurs temps primitifs et leurs irrégularités.

Déchoir, déchu, je déchois, je déchus.

Pas de participe présent, ni d'imparfait, ni d'impératif. — **Indicatif** : *Nous déchoyons, vous déchoyez, ils déchoient.* — **Futur** : Je décherrai, etc. — **Subjonctif** : *Que je déchoie, que nous déchoyions.* — Quoique le participe présent manque, les dérivés de ce primitif, sauf l'imparfait et l'impératif, sont cependant usités.

Échoir, échéant, échu, il échoit *ou* il échet, j'échus.

Indicatif : Usité seulement à la troisième personne du singulier.— **Futur** : J'écherrai, etc. — Point d'imparfait de l'indicatif, ni d'impératif, ni de présent du subjonctif. (Se conjugue avec *avoir* et *être*.)

Falloir, fallu, il faut, il fallut.

Pas de participe présent. — **Imparfait** : *Il fallait.* — **Futur** : Il faudra. — **Subjonctif** : Qu'il faille.

Mouvoir, mouvant, mû, je meus, je mus.

Indicatif : *Nous mouvons, vous mouvez*, ils meuvent. — **Futur** : *Je mouvrai*, etc. — **Subjonctif** : Que je meuve, que tu meuves, qu'il meuve, *que nous mouvions, que vous mouviez*, qu'ils meuvent. — De même *émouvoir*. — Le composé *promouvoir* ne s'emploie qu'à l'infinitif, au participe *promu* et aux temps composés. (On a déjà dit ailleurs que le participe *mu* ne prend l'accent circonflexe qu'au singulier masculin.)

Pouvoir, pouvant, pu, je peux *ou* je puis, je pus.

Indicatif : Je peux, tu peux, *il peut, nous pouvons, vous pouvez*, ils peuvent. — **Futur** : Je pourrai, etc. — Pas d'impératif. — **Subjonctif** : Que je puisse, etc.

Recevoir. (Voir, pour les verbes en *evoir*, nos 283, 285 et 301.)

Savoir, sachant, su, je sais, je sus.

Indicatif : Nous savons, vous savez, ils savent. — **Imparfait** : Je savais, etc. — **Futur** : Je saurai, etc. — **Impératif** : Sache, *sachons, sachez.* — **Subjonctif** : *Que je sache*, etc. — Le pluriel de l'impératif et le subjonctif sont formés régulièrement du participe présent, *sachant.*

Seoir, signifiant, être assis, n'est usité qu'aux participes, *séant, sis, sise.*

Signifiant, être convenable, il ne s'emploie qu'aux formes suivantes et aux troisièmes personnes : *il sied, ils siéent ; il seyait, ils seyaient ; il siéra, ils siéront ; il siérait, ils siéraient ; qu'il siée, qu'ils siéent* ; le participe présent est *seyant.* — Son composé *messeoir*, signifiant, n'être pas convenable, s'emploie comme *seoir* ; ces deux infinitifs ne sont plus usités. — *Surseoir* se conjugue régulièrement sur *prévoir*. (Voir no 301.)

Valoir, valant, valu, je vaux, je valus.

Indicatif : Je vaux, tu vaux, *il vaut, nous valons, vous valez, ils valent.* — **Futur** : Je vaudrai, etc. — Point d'impératif. — **Subjonctif** : Que je vaille, que tu vailles, qu'il vaille, *que nous valions, que vous valiez*, qu'ils vaillent. — De même, *revaloir, équivaloir, prévaloir* ; ce dernier fait régulièrement au subjonctif : *que je prévale.*

Voir, voyant, vu, je vois, je vis.

Futur : Je verrai, etc. — De même, *entrevoir* et *revoir*.

VOULOIR, voulant, voulu, je veux, je voulus.

INDICATIF : Je veux, tu veux, *il veut*, *nous voulons*, *vous voulez*, ils veulent. — FUTUR : Je voudrai, etc. — IMPÉRATIF : Veux, *voulons*, *voulez*, ou veuillez. — SUBJONCTIF : Que je veuille, que tu veuilles, qu'il veuille, *que nous voulions*, *que vous vouliez*, qu'ils veuillent.

345. — QUATRIÈME CONJUGAISON.

ABSOUDRE, absolvant, absous (*absoute*), j'absous.

Point de passé défini, ni d'imparfait du subjonctif.—INDICATIF : *J'absous*, *nous absolvons*. — IMPARFAIT : *J'absolvais*. — FUTUR : *J'absoudrai*. — SUBJONCTIF : *Que j'absolve*. — Ce verbe est seulement défectif, mais non irrégulier.

ACCROIRE, usité seulement à l'infinitif.

BOIRE, buvant, bu, je bois, je bus.

INDICATIF : *Nous buvons*, *vous buvez*, ils boivent. — SUBJONCTIF : Que je boive, que tu boives, qu'il boive, *que nous buvions*, *que vous buviez*, qu'ils boivent.

BRAIRE, usité seulement à l'infinitif et aux troisièmes personnes du présent et du futur de l'indicatif, et du conditionnel : *il brait, ils braient ; il braira, ils brairont ; il brairait, ils brairaient.*

BRUIRE, usité seulement à l'infinitif, et dans, *il bruit, il bruyait, ils bruyaient.*

Quelques auteurs donnent à ce verbe, pour participe présent, *bruissant*, et pour imparfait, *il bruissait*, *ils bruissaient* : Les serpents *bruissaient* de toutes parts. (CHATEAUBR.) Les feuilles sèches qui *bruissaient*. (LAMART.) La petite ville d'Aix toute *bruissante*. (ID.) Vrais torrents *bruissants*. (SAINTE-BEUVE.)

CLORE, ne s'emploie qu'à l'infinitif; au participe *clos, close*; au singulier du présent de l'indicatif : *je clos, tu clos, il clôt* : au singulier du futur et du conditionnel : *je clôrai, je clôrais*; au présent du subjonctif : *que je close*, et aux temps composés.

DIRE, disant, dit, je dis, je dis.

INDICATIF : *Nous disons*, vous dites, *ils disent*. — IMPÉRATIF : Dites. — De même, *redire*. — Les autres composés de *dire* sont réguliers : *vous contredisez*, *vous dédisez, vous médisez*. — *Maudire* fait au participe présent, *maudissant*, et aux dérivés de ce temps : *nous maudissons, je maudissais, maudissez, que je maudisse.*

ÉCLORE, usité seulement à l'infinitif, au participe passé, *éclos, éclose*, et aux troisièmes personnes : *il éclôt, ils éclosent ; il éclôra, ils éclôront ; il éclôrait, ils éclôraient ; qu'il éclose, qu'ils éclosent.*

---

345. Dites les verbes irréguliers de la quatrième conjugaison, avec leurs temps primitifs et leurs irrégularités.

Faire, faisant, fait, je fais, je fis.

Indicatif : *Nous faisons*, vous faites, ils font. (Il ne faut pas écrire : *fesant*, nous *fesons*, je *fesais*; cette orthographe est vicieuse et contraire à l'étymologie.) — Futur : Je ferai, etc. — Impératif : *Fais, faisons*, faites. — Subjonctif : Que je fasse, etc. — De même *contrefaire, défaire, satisfaire*, et tous les composés de *faire*.

Frire, usité seulement à l'infinitif, au participe *frit*, au présent de l'indicatif, *je fris, tu fris, il frit*; au futur et au conditionnel, *je frirai, je frirais*; au singulier de l'impératif, *fris*, et aux temps composés.

Luire, luisant, lui, je luis.

Point de passé défini, ni d'imparfait du subjonctif.

Paître, paissant, je pais.

Usité seulement à ces trois temps primitifs et aux dérivés qui en sont formés. — Le composé *repaître* n'est pas défectif; il fait au participe passé, *repu*, et au passé défini, *je repus*.

Poindre, signifiant, commencer à paraître, n'est usité qu'à l'infinitif, au futur et au conditionnel, *il poindra, il poindrait.*

Prendre, prenant, pris, je prends, je pris.

Indicatif : *Nous prenons, vous prenez*, ils prennent. — Subjonctif : Que je prenne, que tu prennes, qu'il prenne, *que nous prenions, que vous preniez*, qu'ils prennent. — De même, *apprendre, comprendre, entreprendre, se méprendre, reprendre, surprendre*, etc.

Sourdre, n'est plus usité qu'à l'infinitif, et au présent de l'indicatif, à la troisième personne du singulier : L'eau *sourd*. (Acad.)

Chateaubriand a dit : Partout où *sourdait* une fontaine, croissait un figuier. — On employait autrefois ce verbe comme dans les citations suivantes : Durant ce terme, *sourdirent* quelques altercations. (M. du Bellay.) Dieu sait les beaux procès criminels qui en *sourdent*. (Bon. des Perriers.)

Traire, trayant, trait, je trais.

Point de passé défini, ni d'imparfait du subjonctif. — De même, *abstraire, distraire, extraire, retraire, soustraire.*

OBSERVATION.

Pour faire apprendre cette liste de verbes irréguliers, le maître fera bien de procéder de la manière suivante :

1° Il demandera quels sont les temps primitifs du verbe dont il citera lui-même le présent de l'infinitif.

2° Il fera conjuguer en entier chacun des temps qui sont indiqués à la suite des temps primitifs, en faisant remarquer, s'il y a lieu, quelles personnes sont régulières et quelles sont celles qui ne le sont pas.

3° L'élève devra dire si l'irrégularité se trouve dans le radical ou dans la terminaison; il montrera en quoi le radical du dérivé diffère de celui du temps primitif, ou quelle forme devrait avoir la terminaison pour être régulière.

CHAPITRE VI.

DU PARTICIPE.

346. — Le *participe* est un mot qui vient du verbe, et qui s'emploie comme un adjectif, en s'ajoutant au substantif pour le modifier par une idée d'action ou d'état ; Ex. : Un élève *étudiant* sa leçon ; Une leçon bien *étudiée*.

On a vu, dans la conjugaison, qu'il y a deux participes simples : le participe *présent*, toujours terminé par *ant*, comme *chantant*; et le participe *passé*, qui se termine par *é*, *i*, *u*, *s*, *t*, comme *chanté*, *fini*, *prévu*, *appris*, *conduit*.

PARTICIPE PRÉSENT.

347. — § I. Le participe *présent* s'emploie le plus souvent pour exprimer une action, et peut alors avoir le même complément que le verbe d'où il vient ; Ex. : Une personne *étudiant* la musique ; Des élèves *profitant* de la leçon ; Une malade se *plaignant* ; Se promener en *lisant* ; Des terres ne *produisant* pas.

348. — Première règle. Le participe présent exprimant l'action tient plus du verbe que de l'adjectif, et reste alors invariable ; tels sont, dans les exemples précédents, *étudiant*, *profitant*, *plaignant*, *lisant*, *produisant*.

349. — On voit que le participe présent exprime l'action, et qu'il est conséquemment invariable :

1° Lorsqu'il a ou peut avoir soit un complément direct, soit le même complément que le verbe d'où il vient ; Ex. : Une personne *étudiant la musique* ; Des élèves *profitant de la leçon* ; Une *malade se plaignant* ;

2° Lorsqu'on peut le tourner par le présent ou l'imparfait de l'indicatif précédé de *qui* ; Ex. : Des enfants *obéissant* avec plaisir, c'est-à-dire *qui obéissent* avec plaisir ;

3° Lorsqu'il est ou peut être précédé de la préposition

---

346. Qu'est-ce que le participe ? Quels sont les deux participes simples ? — 347. Comment le participe présent s'emploie-t-il le plus souvent ? — 348. Quelle est la règle qui concerne le participe présent exprimant l'action ? — 349. Comment voit-on que le participe présent exprime l'action ?

en, marquant la manière, le moyen ou l'occasion ; Ex. : Elle se promène *en lisant*; Ils réussissent *en travaillant*;

4° Lorsqu'il est accompagné d'une négation; Ex. : Des terres *ne produisant pas*; Des enfants *ne désobéissant jamais*;

5° Lorsqu'il est suivi d'un adverbe ou d'un complément circonstanciel, qui est nécessaire pour en restreindre ou en compléter le sens, et que l'on ne peut retrancher ; Ex. : Des terres *produisant peu, produisant sans culture;* Des personnes *marchant difficilement, avec peine;* Une rose *sentant bon, plaisant par sa beauté*; Une lampe *brûlant longtemps, pendant une soirée.*

350. — § II. Certains participes présents s'emploient aussi quelquefois pour exprimer une qualité, un état habituel ; alors, quoique venant du verbe, ils ressemblent à l'adjectif par leur signification ; Ex. : On aime les enfants sages et *obéissants*; Cette question était *embarrassante;* Vous avez des amis peu *obligeants*, très-*méfiants*, trop *regardants*, tout-à-fait *exigeants*.

351. — Deuxième règle. Le participe présent exprimant une qualité ou un état habituel, est appelé communément *adjectif verbal*, et s'accorde avec le substantif ou le pronom auquel il se rapporte; tels sont, dans les exemples qui précèdent, *obéissants, embarrassante, obligeants, méfiants, regardants, exigeants.*

352. — On voit que le participe présent, joint à un substantif, s'accorde, marquant une qualité ou un état habituel :

1° Lorsqu'on peut le remplacer par un adjectif qualificatif ; Ex. : On aime les enfants sages et *obéissants* (sages et *dociles*);

2° Lorsqu'il est ou peut être précédé du verbe *être;* Ex. : Cette question *était embarrassante* ; Voilà une question *embarrassante* (*qui est embarrassante*);

3° Lorsqu'il est ou peut être précédé des adverbes, *très*, *assez*, *peu*, *si*, *plus*, *moins*, *aussi*, *fort*, *trop*, *tout-à-fait* ;

---

350. Comment s'emploient encore certains participes présents ? — 351. Quelle est la règle relative au participe présent exprimant une qualité ? — 352. Comment voit-on que le participe présent marque une qualité ?

Ex. : Vous avez des amis ***peu obligeants, très-méfiants, trop regardants, tout-à-fait exigeants;***

4° Lorsqu'il est propre à terminer un sens, c'est-à-dire qu'il ne demande après lui aucun mot destiné à le compléter; Ex. : On nous fit des promesses ***séduisantes;*** Il se trouvait là une société ***charmante.***

PARTICIPE PASSÉ.

353. — Le participe *passé* peut, quant à sa signification, se considérer de quatre manières :

1° Comme exprimant seulement un état ou une qualité; Ex. : Une personne *estimée;* Cette femme est *estimée,* paraît *estimée;*

2° Comme exprimant en même temps l'action et l'état du sujet; Ex. : Ma sœur est *partie* depuis huit jours;

Ma sœur a fait l'*action de partir,* et elle se trouve, par suite, dans l'état d'une personne *partie.* (Voir l'observation après le n° 260.)

3° Comme exprimant en même temps l'action du sujet et l'état du complément direct; Ex. : Quelle somme avez-vous *dépensée?*

On parle de l'*action de dépenser* faite par *vous,* et en même temps d'une *somme dépensée.*

4° Comme exprimant seulement l'action du sujet; Ex. : Ils ont *dépensé* une somme considérable.

Par ces mots, *ils ont dépensé,* on ne peut entendre que l'action du sujet *ils.* L'idée du complément n'existant pas encore quand on énonce le verbe, ne peut avoir aucune influence sur le participe.

354. — **Règle générale d'accord.** Le participe passé exprimant ou seulement l'état, ou en même temps l'action et l'état, s'accorde avec le mot auquel se rapporte l'état exprimé, ou après lequel le sens permet de faire venir immédiatement le participe; Ex. : Une personne *estimée;* Cette personne est *estimée;* Ma sœur est *partie;* Quelle somme avez-vous *dépensée?*

Dans ces exemples, on parle d'une personne *estimée,* de ma sœur *partie,* d'une somme *dépensée;* donc, il y a accord.

---

353. Comment considère-t-on le participe passé quant à sa signification? — 354. Quelle est la règle générale d'accord du participe passé?

355. — Remarque. Si, en se servant de la formule, *on parle de*, que l'on fait suivre d'un substantif énoncé avant le participe, le sens amène immédiatement après ce substantif le participe passé, c'est la preuve que ce dernier mot est, à l'égard du substantif, comme un adjectif, et que, conséquemment, il s'accorde ; Ex. : Combien de victoires il a *remportées !* Quels travaux a-t-il *exécutés ?*

On parle de *victoires remportées*, de *travaux exécutés*, comme on pourrait parler de *victoires glorieuses*, de *travaux remarquables*.

Cette analogie entre le participe et l'adjectif est la raison unique, absolue et sans exception, de tous les cas possibles d'accord du participe passé.

356. — Règle générale de non-accord. Le participe passé exprimant seulement une action n'a aucune analogie de sens avec l'adjectif, et pour cette raison il reste invariable ; Ex. : Ces hommes ont *dépensé* des sommes considérables ; Les élèves ont *récité* leurs leçons.

On ne pourrait pas, en plaçant le participe immédiatement après le substantif qui précède, dire : *Des hommes dépensés, des élèves récités.*

357. — Remarque. Lorsque, avec un temps composé, on exprime seulement l'action du sujet, il n'y a plus là en réalité de participe, mais un seul mot de forme composée, ayant uniquement l'emploi et la signification du verbe.

DIVERS EMPLOIS DU PARTICIPE PASSÉ.

358. — Le participe passé s'emploie de cinq manières : 1° seul, c'est-à-dire sans être joint ni à *être* ni à *avoir ;* — 2° après le verbe substantif *être ;* — 3° après l'auxiliaire *être ;* — 4° après l'auxiliaire *avoir ;* — 5° après l'auxiliaire *être* mis pour *avoir*.

359. — § I. Étant employé seul, le participe passé fait l'office d'un simple adjectif, et s'accorde comme tel avec le substantif auquel il se rapporte ; Ex. : Une *terre* bien *cultivée ;* Ces *terres* semblent bien *cultivées*.

---

355. Par quel moyen peut-on voir si le participe passé s'accorde ? — 356. Quelle est la règle générale de non-accord ? — 357. Comment doit-on considérer le participe passé invariable ? — 358. Quelles sont les cinq manières d'employer le participe passé ? — 359. Qu'est le participe passé employé seul ?

360. — § II. Après le verbe substantif *être*, le participe passé d'un verbe transitif fait l'office d'attribut, et s'accorde avec le sujet, dont il exprime seulement l'état ; Ex. : Ces *terres* sont bonnes et bien *cultivées ;* Cette *personne* était malade, elle est *guérie.*

361. — § III. Après l'auxiliaire *être*, le participe passé d'un verbe intransitif s'accorde également avec le sujet, dont il exprime en même temps l'action et l'état ; Ex. : Ma *sœur* est *partie ;* Mes *amis* sont *arrivés.*

362. — § IV. Joint à *avoir*, le participe passé ne s'accorde jamais avec le sujet, dont il exprime seulement l'action ; Ex. : Elles ont *fini* leur tâche ; Nous avons *dîné.*

363. — § IV *bis.* Étant précédé de son complément direct, le participe joint à *avoir* s'accorde avec ce complément, dont il marque l'état, en même temps qu'il exprime l'action du sujet ; Ex. : Quels sont les *livres qu*'il a *lus ?* Quelle *raison* a-t-il *alléguée ?* Combien de *nations* les Romains ont *soumises !*

364. — § V. Joint à *être* mis pour *avoir*, le participe d'un verbe pronominal suit les mêmes règles que s'il était joint à *avoir :* il ne s'accorde point avec le sujet, mais avec son complément direct lorsqu'il en est précédé ; Ex. : Elles se sont *rendu* des services ; Elles se sont *nui ;* — Ils *se* sont *rendus* à la ville ; Les *services qu*'elles se sont *rendus.*

365. — Remarques. De ce qui précède, il résulte que, dans les temps composés des verbes intransitifs, le participe passé joint à *avoir* est toujours invariable, puisque ces verbes ne peuvent avoir de complément direct ; Ex. : Elle a *dormi ;* Ils on *ri ;* Elles ont beaucoup *souffert.*

Il en est de même dans les verbes accidentellement pronominaux formés de verbes intransitifs ; Ex. : Elles se sont *ri* de vos menaces ; Elle s'est *plu* à me contredire.

Quoique la préposition ne soit pas exprimée devant le complément indirect, on dira donc avec le participe invariable :

---

360. Qu'est le participe passé après le verbe substantif *être ?* — 361. Qu'est le participe joint à l'auxiliaire *être ?* — 362. Qu'est-il par rapport au sujet, étant joint à *avoir ?* — 363. Qu'est-il, étant joint à *avoir* et précédé de son complément direct ? — 364. Qu'est-il, étant joint à *être*, mis pour *avoir*, dans les verbes pronominaux ? — 365. Qu'est le participe d'un verbe intransitif, joint à *avoir ?*

Les deux heures que j'ai *dormi* (*pendant lesquelles* j'ai dormi); Les dix années qu'elle a *régné* (*pendant lesquelles* elle a régné); Quelle somme a *coûté* cette maison? (*quelle somme a été le coût, le prix* de cette maison; *pour quelle somme* a-t-elle été acquise?); Combien d'années j'ai *souffert* loin de vous! (*pendant combien d'années* j'ai souffert!)

366. — Il résulte encore des mêmes principes que, dans les temps composés des verbes essentiellement pronominaux, le second pronom étant toujours complément direct, sauf dans *s'arroger*, le participe passé s'accorde nécessairement avec le second pronom, ou, ce qui revient au même, prend le genre et le nombre du sujet, puisque le second pronom a lui-même rapport au sujet; Ex. : *Ils se sont repentis; Elles se* seraient *abstenues*.

On dit, avec le participe invariable : Elles se sont *arrogé* certains droits, — et en faisant accorder le participe : *Quels droits* se sont-elles *arrogés?* — Dans le premier cas, le complément direct, *droits*, suit le participe; mais dans le second, il le précède : on parle de droits *arrogés, usurpés.*

367. — AUTRE REMARQUE. Le participe des verbes unipersonnels est toujours invariable, parce que :

1° Étant joint à *avoir*, il n'a jamais de complément direct; Ex. : Il nous *a fallu* des motifs graves (c'est-à-dire *des motifs graves* nous ont été nécessaires); Les motifs qu'il *a fallu* (c'est-à-dire *qui* ont été nécessaires); Les pluies qu'il y a *eu* (c'est-à-dire *qui* ont eu lieu); Les mauvais temps qu'il a *fait* (c'est-à-dire *qui* ont existé).

Dans ces exemples, le mot qui se présente sous la forme d'un complément direct, est sujet réel du verbe unipersonnel.

2° Étant joint à *être*, le participe d'un verbe unipersonnel ne pourrait s'accorder qu'avec le sujet apparent *il*, ou, dans les verbes pronominaux-unipersonnels, avec *se* relatif à *il*; or, dans ce cas, les deux mots *il* et *se* sont également invariables; Ex. : Il en *est résulté* des conséquences fâcheuses; Il *s'est passé* d'étranges choses; Il *s'était glissé* une erreur.

(Pour les autres applications des règles du participe, voir la *grammaire complémentaire*.)

---

366. Avec quel mot s'accorde le participe passé des verbes essentiellement pronominaux? — 367. Pourquoi le participe passé des verbes unipersonnels est-il toujours invariable?

CHAPITRE VII.

DE L'ADVERBE.

368. — L'*adverbe* est un mot invariable qui s'ajoute au verbe attributif, à l'adjectif ou à un autre adverbe, pour en modifier ou en déterminer le sens; Ex. : Elle chante *bien*, il chante *mal;* Elle est *peu* instruite, il est *très*-instruit; Parlez *plus* lentement, parlez *moins* lentement.

369. — L'adverbe est ainsi nommé, parce que le plus souvent il est joint à un verbe.

DIFFÉRENTES SORTES D'ADVERBES.

370. — Sous le rapport de leur forme, on distingue deux sortes d'adverbes :

1° Les adverbes *simples*, qui sont formés d'un seul mot, comme *bien*, *peu*, *lentement*.

2° Les adverbes *composés*, qui sont formés de plusieurs mots, et que l'on nomme aussi *locutions adverbiales*, comme *en vain*, *vis-à-vis*, *tout-à-fait*.

371. — D'après les idées qu'ils expriment, on classe les adverbes en onze sortes principales, servant à marquer :

1° Le *temps*, comme *toujours*, *jamais*, *hier*, *demain;*
2° Le *lieu*, comme *ici*, *loin*, *où*, *là*, *partout;*
3° La *manière*, comme *bien*, *mal*, *exprès*, *lentement;*
4° L'*ordre*, comme *d'abord*, *ensuite*, *auparavant*, *premièrement;*
5° La *quantité*, comme *beaucoup* (de), *autant* (de), *trop* (de);
6° La *comparaison*, comme *plus*, *moins*, *aussi;*
7° L'*extension*, comme *très*, *fort*, *tout-à-fait*, *si*, *extrêmement;*
8° La *restriction*, comme *peu*, *assez*, *moins*, *ne... que*, *seulement;*
9° L'*affirmation*, comme *oui*, *certainement*, *si*, *assurément;*
10° La *négation*, comme *non*, *ne*, *ne... pas*, *ne... point*, *nullement;*
11° Le *doute*, comme *peut-être*, *probablement*, *présumablement*.

---

368. Qu'est-ce que l'adverbe? — 369. Pourquoi est-il ainsi nommé? — 370. Comment divise-t-on les adverbes quant à leur forme? — 371. Comment les divise-t-on quant à leur signification?

372. — Certains adverbes sont susceptibles d'appartenir tantôt à une sorte, tantôt à une autre, ou à deux sortes en même temps; ainsi, on trouve le même adverbe marquant :

1° Le lieu ou le temps; Ex. : Le pays *où* je vivais; L'époque *où* nous vivons;

2° La manière, ou l'extension, ou la quantité; Ex. : Il travaille *bien;* Il est *bien* instruit; Il a *bien* du talent;

3° Le quantité ou la restriction; Ex. : Ils ont *peu* d'amis; Ils sont *peu* obligeants;

4° La comparaison seule, ou en même temps la comparaison et la quantité; Ex. : Il est *moins* sage que sa sœur; Il fait *moins* d'efforts que vous;

5° Le négation et le temps, ou la négation et la comparaison; Ex. : Elle ne se plaint *jamais;* Elle n'est *plus* ce qu'elle était.

373. — Il y a des adverbes qui servent à rappeler l'idée d'un mot précédent, et que, pour cette raison, on appelle adverbes *relatifs;* ce sont les trois mots *où*, *en*, *y;* Ex. : Voici la maison *où* je vais; quand j'*en* sortirai, vous *y* viendrez.

Les adverbes de lieu *où*, *en*, *y*, dans ce dernier exemple, rappellent l'idée du mot *maison*, et sont équivalents à des pronoms.

374. — Certains adverbes servent quelquefois à joindre deux propositions, et sont nommés, dans ce cas, adverbes *conjonctifs;* tels sont, dans les phrases suivantes, *où*, *combien*, *comment*, *comme;* Ex. : Je connais le lieu *où* il est allé; Je sais *combien* vous avez souffert; J'ignore *comment* il est sorti; Vous ne sauriez croire *comme* il est grandi.

375. — Les adverbes de quantité sont équivalents à des collectifs partitifs; pour cette raison, ils ont un complément précédé de la préposition *de;* Ex. : *Beaucoup* de soldats; *Peu* d'attention; *Assez* de succès; *Trop* de présomption.

376. A l'exception des adverbes de quantité, l'adverbe ne peut avoir de complément, parce que, le plus souvent, il équivaut lui-même à un complément; Ex. : Écoutez *at-*

---

372. Un même adverbe peut-il appartenir à plusieurs sortes différentes? — 373. Qu'appelle-t-on adverbes relatifs? — 374. Qu'est-ce que les adverbes conjonctifs? — 375. A quoi sont équivalents les adverbes de quantité? — 376. Les adverbes ont-ils des compléments?

tentivement (c'est-à-dire avec attention); Il travaille *toujours* (c'est-à-dire en tout temps); Il demeure *loin* (c'est-à-dire dans un lieu éloigné).

377. — Il ne faut pas considérer comme adverbes, certaines expressions qui, étant formées d'un adverbe et d'une préposition, sont suivies d'un complément. Ces expressions sont des locutions prépositives; ce qui le prouve, c'est qu'on peut les tourner par des prépositions simples; Ex. : *Antérieurement à* cette époque (c'est-à-dire *avant* cette époque); *Indépendamment de* sa permission (c'est-à-dire *sans* sa permission); *Conformément à* la loi (c'est-à-dire *selon* la loi); *Relativement à* cela (c'est-à-dire *concernant* cela, *à l'égard de* cela).

378. — Parmi les adverbes, il y en a qui sont aussi susceptibles de s'employer :

1° Comme prépositions, c'est quand ils ont un complément; Ex. : Il est allé *loin;* Il vit *loin* de nous. — Travaillez d'abord, vous jouerez *après;* Courir *après quelqu'un;* — Sa maison est *vis-à-vis;* elle est *vis-à-vis* la nôtre;

2° Comme conjonctions, lorsqu'ils commencent une proposition, qu'ils mettent en rapport avec la précédente; alors, ils peuvent ordinairement se tourner par une autre conjonction; Ex. : L'orateur parla *ainsi;* Dieu est juste, *ainsi* (donc) il punira les méchants; — Il était *comme* fou; Je partais *comme* (lorsque) il arrivait.

379. — LISTE

DES PRINCIPAUX ADVERBES, SIMPLES OU COMPOSÉS.

Ailleurs, ainsi, à dessein, à jamais, à la bonne heure, à coup sûr, à couvert, à contre-sens, à contre-temps, à découvert, à foison, à froid, à la dérobée, à la fin, à la fois, à la hâte, à l'aise, à l'avenant, à l'aventure, à la vérité, à l'avenir, à l'écart, à l'entour, à l'envi, à l'excès, à l'improviste, à loisir, alors, à même, à merci, à merveille, à nouveau, à part, à peine, à peu près, à point, après, à présent, à propos, à regret, à souhait, assez, à tâtons, à temps, à terre, à tort, à tort et à travers, à toute force, à tue-tête, au besoin, au fur et à mesure, aujourd'hui, au juste, au moins, auparavant, au plus, au plus vite, auprès, au reste, aussi, aussitôt, au surplus, autant, au travers, autrefois, autrement, autre part, avant, avant-hier, à verse, à volonté.

Beaucoup, bien, bien plus, bientôt.

---

377. Que sont les locutions formées d'un adverbe et d'une préposition? — 378. Comment certains adverbes peuvent-ils aussi s'employer? — 379. Citez les principaux adverbes simples et composés.

Çà et là, céans, cependant, certes, ci, par-ci par-là, ci-après, ci-dessous, ci-dessus, ci-devant, ci-inclus (*ci-inclus copie du contrat*), ci-joint, (*ci-joint deux cents francs*), combien, comme, comment, coup sur coup.

D'abord, d'accord, d'ailleurs, davantage, de bonne heure, de concert, de coutume, dedans, dehors, déjà, deçà, delà, de grâce, demain, d'emblée, de même, demi (*demi-morte*), à demi, de nouveau, de plus, de proche en proche, dès à présent, dès lors, depuis, derrière, désormais, dessous, dessus, de suite, de travers, devant, d'ici, d'ordinaire, dorénavant, d'où, du moins, du reste, du tout.

En, en arrière, en avant, en conséquence, en dessous, en dessus, en effet, effectivement, encore, enfin, en général, ensemble, en somme, ensuite, en sus, en vain, environ, exprès.

Fort, face à face. — Gratis, guère. — Hier.

Ici, incessamment, incognito, incontinent.

Jadis, jamais, jusqu'alors, jusqu'ici.

Là, là-bas, là-dessous, là-dessus, là-haut, loin, longtemps, lors.

Maintenant, mal, mal à propos, matin, de grand matin, même, mieux, moins.

Naguère, ne, ne...pas, ne...plus, ne...point, ne...que, néanmoins, ni plus ni moins, non, non plus, non-seulement, notamment, nuitamment, nullement, nulle part. — Où, oui.

Par devant, par derrière, par dessous, par dessus, parfois, par hasard, par ici, par là, par où, par mégarde, partout, pas du tout, pas le moins du monde, pêle-mêle, petit-à-petit, peu, peu à peu, peut-être, pis, plus, plutôt, pour (*passer pour sorcier*), pourtant, pour tout de bon, presque, proche.

Que (*combien*), quelquefois, quelque part. — Réellement.

Sans cesse, sans doute, sciemment, sens dessus dessous, seulement, si, soudain, souvent, sur-le-champ, sur ces entrefaites, surtout.

Tant, tant soit peu, tantôt, tard, tôt, tôt ou tard, toujours, tour-à-tour, tout-à-coup, tout-à-fait, tout à l'heure, tout de bon, tout de suite, tout d'un coup, toutefois, très, trop.

Une fois, une autre fois, un jour.

Vis-à-vis, vite, volontiers, voire (*même*). — Y.

380. — A ces adverbes, il faut en ajouter beaucoup d'autres terminés en *ment*, et marquant, pour la plupart, la manière ou l'ordre ; ces adverbes, qui viennent d'adjectifs qualificatifs ou numéraux ordinaux, sont formés en général des deux manières suivantes :

1° Si l'adjectif finit au masculin par une consonne, on en prend ordinairement le féminin, auquel on ajoute *ment* ; Ex. : Petite, *petitement* ; ancienne, *anciennement* ; heureuse, *heureusement* ; supérieure, *supérieurement* ; première, *premièrement* ; seconde, *secondement*, etc.

Cette règle ne s'applique pas aux adverbes dérivés des adjectifs terminés par *ant* ou *ent*.

---

380. Quels sont les autres adverbes, et comment se forment-ils ordinairement ?

2° Lorsque l'adjectif masculin finit par un *e* muet ou par toute autre voyelle, on y ajoute la terminaison *ment*, pour former l'adverbe dérivé ; Ex. : Utile, *utilement ;* sage, *sagement ;* poli, *poliment*; vrai, *vraiment*; ingénu, *ingénument ;* sensé, *sensément*.

381. — EXCEPTIONS. 1° *Impuni* fait *impunément*. — 2° Les adjectifs masculins *aveugle, commode, conforme, énorme, opiniâtre*, et les adjectifs féminins *confuse, diffuse, commune, opportune, obscure, expresse, précise, profonde*, changent l'*e* muet final, soit du masculin soit du féminin, en *é* fermé, devant la terminaison *ment* de l'adverbe dérivé ; ainsi, *aveuglément, conformément*, etc. — 3° *Bellement, nouvellement, follement, mollement*, sont formés du féminin des adjectifs *beau, nouveau, fou, mou*. — 4° *Traître* et *gentil* ont pour adverbes dérivés, *traîtreusement, gentiment*.

382. — REMARQUE. A l'exception de *lent, présent, véhément*, dont on prend le féminin pour former les adverbes *lentement, présentement, véhémentement*, les adjectifs terminés par *ant* ou *ent*, forment leurs adverbes dérivés en changeant *nt* en *mment ;* Ex. : Savant, *savamment ;* prudent, *prudemment*.

REMARQUES PARTICULIÈRES.

383. — *Là*, signifiant, dans ce lieu ; — *Où*, signifiant dans quel lieu, dans lequel, laquelle, lesquels, sont adverbes, et prennent un accent grave, pour se distinguer de leurs homonymes, savoir :

L'adverbe *là*, pour se distinguer de *la*, article, précédant un substantif, et de *la*, pronom, précédant un verbe ; — L'adverbe *où*, pour se distinguer de *ou*, conjonction, signifiant ou bien ; Ex. : Je vais *là ;* Je sais *où* vous allez ; — *La* maison ; Je *la* connais ; Il pleure *ou* il rit.

384. — *Y* est adverbe ou pronom personnel. — Étant adverbe, il signifie, là, dans ce lieu ; — étant pronom, il signifie, à cela, à cette chose, à ces choses ; Ex. : Allez chez

---

381. Quels sont les adjectifs qui forment leurs adverbes dérivés d'une manière exceptionnelle ? — 382. Comment se forment les adverbes qui dérivent des adjectifs terminés par *ant* ou *ent* ? — 383. Pourquoi les adverbes *là, où*, prennent-ils un accent grave ? — 384. Quand le mot *y* est-il adverbe, et quand est-il pronom ?

moi, je vous *y* rejoindrai ; — Faites votre devoir et appliquez-vous-*y*.

385. — *En* est adverbe, pronom ou préposition.

1° Étant adverbe, *en* signifie, de là, de ce lieu, en qualité de, comme : Ex. : Il va à la campagne, nous *en* venons ; Il fut traité *en* ami ; On le reçoit *en* voisin.

Après *en*, signifiant, comme, en qualité de, les noms *ami* et *voisin* ne sont point des compléments ; ils se rapportent, comme qualificatifs, aux pronoms *il*, *le*.

2° Étant pronom, *en* signifie de lui, d'elle, d'eux, d'elles, de cela ; Ex. : Il ne craint pas les punitions et s'*en* moque.

3° Étant préposition, *en* marque ordinairement le lieu, le temps ou la manière, et est toujours suivi d'un complément ou d'un participe présent ; Ex. : Aller *en* Italie ; Elle est née *en* octobre 1856 ; On s'instruit *en* étudiant.

386. — *Que* est adverbe, pronom conjonctif, pronom interrogatif ou conjonction.

On a vu, au chapitre du pronom (n° 189), comment se reconnaît *que* pronom conjonctif ou interrogatif.

1° *Que*, adverbe, signifie, combien ; il marque une idée d'extension ou de quantité ; Ex. : *Que* Dieu est bon ! *Que* de flatteurs entourent le trône !

2° *Que*, conjonction, sert à unir deux propositions ; il se distingue du pronom conjonctif en ce qu'il n'a pas d'antécédent ; Ex. : Je crois *que* franchise vaut mieux *que* finesse.

387. — *Si* est adverbe ou conjonction :

1° Adverbe, il marque l'extension, signifiant, tellement ; ou il marque l'affirmation et s'emploie au lieu de *oui*, pour répondre affirmativement à une question négative ; Ex. : Pourquoi êtes-vous *si* sérieux ? — N'êtes-vous pas content ? *Si*, je le suis.

2° Étant conjonction, *si* sert à marquer la condition ou le doute, et à joindre deux propositions ; Ex. : Venez *si* vous voulez ; Je ne sais *si* je sortirai.

388. — On écrit en un seul mot, *plutôt*, marquant la préférence ; et en deux mots, *plus tôt*, marquant le temps, par

---

385. Quand le mot *en* est-il adverbe, pronom ou préposition ? — 386. Quand le mot *que* est-il adverbe ou conjonction ? — 387. Quand *si* est-il adverbe et quand est-il conjonction ? — 388. Quelles sont les deux manières d'écrire *plutôt* ?

opposition à *plus tard;* Travaillez *plutôt* que de jouer; — Une autre fois, tâchez d'arriver *plus tôt.*

OBSERVATION. Beaucoup d'autres remarques analogues pourraient être faites sur ceux des adverbes qui sont susceptibles de s'employer comme prépositions ou comme conjonctions; les explications du maître ou du dictionnaire suppléeront aux détails qu'il serait trop long de donner ici. (Voir la syntaxe de l'adverbe.)

CHAPITRE VIII.

DE LA PRÉPOSITION.

389. — La *préposition* est un mot invariable qui sert à unir deux mots dont le second complète le sens du premier; Ex. : Le temps *de* l'étude est utile *à* la jeunesse; Partir *pour* la campagne.

390. — On reconnaît la préposition parmi les autres mots invariables, en ce qu'elle peut être suivie des mots *quelqu'un*, *quelque chose.*

COMPLÉMENT DE LA PRÉPOSITION.

391. — La préposition est ainsi nommée, parce qu'elle précède toujours un mot qui lui sert de *complément*, et avec lequel elle concourt elle-même à compléter le sens d'un mot précédent.

392. — Le mot (substantif, pronom ou infinitif) qui suit la préposition, est donc en même temps complément de la préposition, et complément indirect d'un mot précédent, avec lequel la préposition le met en rapport.

393. — La préposition, comme on l'a déjà vu, est quelquefois sous-entendue devant un complément indirect; Ex. : Il viendra la *semaine prochaine* (c'est-à-dire *pendant* la semaine prochaine); Ce livre a été vendu *dix francs* (c'est-à-dire *pour* dix francs); Donnez-*moi* un conseil (c'est-à-dire donnez *à* moi).

389. Qu'est-ce que la préposition? — 390. Comment la distingue-t-on des autres mots invariables? — 391. Pourquoi est-elle ainsi nommée? — 392. Qu'y a-t-il à observer sur le complément de la préposition? — 393. La préposition n'est-elle pas quelquefois sous-entendue?

DIFFÉRENTES SORTES DE PRÉPOSITIONS.

394. — On distingue, comme pour l'adverbe, des prépositions *simples*, c'est-à-dire formées d'un seul mot, comme *de*, *à*, *pour*, *sans*, *avec*; — et des prépositions *composées*, ou *locutions prépositives*, qui sont formées de plusieurs mots, comme *près de*, *à cause de*, *quant à*, *eu égard à*, *par chez*, *loin de*.

395. — D'après les idées qu'elles expriment ou les rapports qu'elles établissent, les prépositions se divisent en neuf sortes principales, et marquent :

1° Le *lieu*, comme *dans*, *chez*;
2° Le *temps*, comme *dès*, *pendant*;
3° L'*union* ou la *manière*, comme *avec*, *selon*;
4° La *séparation*, comme *outre*, *sans*;
5° L'*ordre*, comme *avant*, *après*;
6° Le *but*, comme *pour*, *envers*;
7° L'*opposition*, comme *contre*, *malgré*;
8° La *cause* ou le *moyen*, comme *par*, *moyennant*;
9° L'*indication*, comme *voici*, *voilà*.

396. — La même préposition peut quelquefois servir à marquer des rapports différents, suivant les mots avec lesquels elle est employée; Ex. : Il se promène *dans* le jardin; Il viendra *dans* huit jours.

Le premier mot *dans* marque le lieu, et le second marque le temps.

397. — LISTE

DES PRINCIPALES PRÉPOSITIONS ET LOCUTIONS PRÉPOSITIVES.

A, à cause de, à côté de, à dater de, à fleur de, à force de, à la merci de, à la réserve de, à l'égard de, à l'endroit de, à l'exception de, à l'exclusion de, à l'exemple de, à l'instar de, à l'insu de, à l'inverse de, à même de, à moins de, à part, à partir de, après, à propos de, à travers, attendu, au gré de, avant, avec, au dedans de, au défaut *ou* à défaut de, aux dépens de, au delà de, au-dessous de, au-dessus de, au devant de, au fort de, au plus fort de, au fur et à mesure de, au lieu de, au milieu de, au moyen de, auprès de, au prix de, au risque de, au rebours de, au sujet de, autour de, au travers de, aux environs de.
Chez, concernant, contre. — Dans, d'après, d'avec, de, deçà, delà,

---

394. Combien de sortes de prépositions sous le rapport de la forme? — 395. Combien sous le rapport du sens? — 396. La même préposition peut-elle servir à marquer des rapports différents? — 397. Dites les principales prépositions et locutions prépositives.

de crainte de, de dessous, de dessus, de la part de, de par, de peur de, depuis, derrière, dès, devant, devers, du côté de, durant.

En, en butte à, en comparaison de, en conséquence de, en considération de, en deçà de, en dedans de, en dehors de, en dépit de, en échange de, en place de, en guise de, en haut de, en présence de, en proportion de, en raison de, en sus de, en train de, entre, envers, en vertu de, en vue de, eu égard à, excepté.

Faute de. — Grâce à. — Hormis, hors. — Jusqu'à. — Le long de, loin de, lors de. — Malgré, moyennant. — Nonobstant. — Outre.

Par, par chez, par dedans, par dehors, par delà, par derrière, par dessous, par dessus, par devant (*par devant notaire*), par devers, parmi, par rapport à, par suite de, pendant, plein (*plein la bouteille*), pour (*pour rire*, *pour l'honneur*), près de, proche de.

Quant à, quitte à. — Sans, sauf, selon, sous, suivant, supposé, sur, sur le point de.

Touchant, tout près de. — Vers, vis-à-vis de, voici, voilà, vu. — Y compris, non compris (*y compris sa maison, non compris ses propriétés*).

REMARQUES PARTICULIÈRES.

398. — On met un accent sur les prépositions *à, dès*, pour les distinguer de leurs homonymes, *a* verbe, et *des* article contracte ; Ex. : Il *a* une belle maison *à* la campagne ; *Des* courriers sont partis *dès* le matin.

399. — Les mots *attendu*, *vu*, *excepté*, *sauf*, *supposé*, *non compris, y compris,* sont prépositions ou adjectifs :

1° Ils sont prépositions, et conséquemment invariables, quand ils précèdent un substantif ou un pronom ; Ex. : *Attendu* la mauvaise saison ; *vu* les circonstances ; *excepté* quelques amis ; *supposé* cette nouvelle vraie ; *non compris, y compris* cette dépense.

2° Ces mots sont adjectifs et s'accordent, lorsqu'ils sont placés après un substantif ; Ex. : Des personnes *attendues ;* quelques amis *exceptés* ; la vie *sauve ;* une nouvelle *supposée*, cette dépense *non comprise.*

(*Plein* est 1° adverbe dans, *plein une bouteille ;* 2° adjectif dans, *une pleine bouteille, une bouteille pleine.*)

400. — La préposition *de* se place quelquefois devant un sujet ou devant un complément direct. Alors, elle peut ordinairement se tourner par *quelque*, *certain, plusieurs*, et sert le plus souvent à indiquer que le substantif qu'elle précède est pris dans un sens partitif. — Ce substantif, en

---

398. Pourquoi *à* et *dès*, prépositions, prennent-ils un accent grave ? — 399. Quels sont les mots qui sont tantôt prépositions, tantôt adjectifs ? — 400. Quand *de* se trouve-t-il devant un sujet ou devant un complément direct ?

même temps qu'il est sujet ou complément direct, est encore, au moyen de la préposition *de*, complément d'un collectif partitif sous-entendu ; Ex. : *De* belles fleurs ont été cueillies ; On a cueilli *des* fleurs ; c'est-à-dire *plusieurs* belles fleurs, ou *une certaine quantité de* fleurs.

OBSERVATION. La phrase, *On a cueilli des fleurs,* ne doit point se tourner par, *on a cueilli une partie de toutes les fleurs.* — Le nom *fleurs* étant pris dans un sens partitif et indéterminé, l'article qui le précède est seulement employé par euphonie ; ainsi, la préposition *de* toute seule et l'article contracte *des*, signifient également *quelques*, *plusieurs*.

Il en est de même lorsque la préposition *de* se trouve devant le complément d'une autre préposition ; Ex. : Faire un bouquet *avec de* belles fleurs, c'est-à-dire *avec une certaine quantité de* belles fleurs.

401. — *De* et *à*, devant un infinitif, n'empêchent point que cet infinitif ne soit complément direct, lorsqu'il répond à la question *quoi ?* faite après le verbe ; Ex. : Nous essayons de *bien faire ;* Il commence *à parler* anglais.

On trouve aussi la préposition *de* devant un infinitif, sujet réel d'un verbe unipersonnel et devant un adjectif précédé d'un mot indéfini ou exprimant une idée de quantité ; elle n'annonce point alors un complément indirect ; Ex. : Il importe *de* travailler ; Il est utile *de* travailler ; — Je ne sais rien *de* nouveau ; Il y eut plusieurs personnes, dix personnes *de* tuées. (Voir les *mots explétifs*, n° 441.)

402. — Il ne faut pas confondre *près de* et *prêt à :*

1° *Près de,* préposition, signifie, proche de, sur le point de ; Ex. : Se promener *près de* la rivière ; Il est *près de* partir.

2° *Prêt,* adjectif, suivi de la préposition *à*, veut dire, disposé à, préparé à ; Ex. : Elle est *prête à* vous suivre ; Nous sommes *prêts à* vous rendre service.

403. — On doit également distinguer *quant à*, préposition, signifiant, pour, à l'égard de, — de la conjonction *quand,* qui signifie, lorsque, en quel temps ; Ex. : *Quant à* lui, je ne le connais pas ; — Il sort *quand* il veut ; *Quand* viendrez-vous ?

404. — *Au travers* veut être suivi de la préposition *de*,

---

401. Quand *de* et *à* devant un infinitif n'annoncent-ils point un complément indirect ? — **402.** Quelle différence y a-t-il entre *près de* et *prêt à ?* — **403.** Que sont les deux mots *quant à* et *quand ?* — **404.** Quelle différence y a-t-il entre *au travers* et *à travers ?*

et *à travers* n'en est jamais suivi; le premier s'emploie de préférence lorsqu'il y a quelque obstacle à surmonter; Ex.: Passer *au travers d'*une haie, *au travers des* ennemis; — Courir *à travers* les champs.

405. — *Durant* se place avant et quelquefois après son complément; Ex. : Il reste à la ville *durant* l'hiver; Elle jouira de cette rente sa vie *durant*.

On emploie *durant* pour une durée continue, et *pendant* pour un temps momentané ou pour une durée interrompue: Ex. : Dormir *durant* le jour (*pendant tout* le jour); — Dormir *pendant* le jour (*pendant une partie* du jour).

406. — Les prépositions *voici*, *voilà*, ne servent point à unir deux mots; étant formées du verbe *voir* et des adverbes *ci* et *là*, elles ont un complément qui leur appartient exclusivement, et avec lequel elles forment une proposition.

Pour faire l'analyse de la proposition formée avec l'un de ces mots, il faut les tourner par, *c'est ici*, *c'est là*, ou par *tel est*, *tels sont*.

Voici s'emploie pour montrer l'objet le plus proche ou pour annoncer ce que l'on va expliquer; *Voilà* se rapporte à l'objet le plus éloigné ou à une chose que l'on vient d'expliquer; Ex.: *Voici* ma place, *voilà* la vôtre (c'est-à-dire *c'est ici* ma place, *c'est là* la vôtre); — *Voici* mon avis: il y a peu d'amis désintéressés; Savoir se contenter de peu, *voilà* la vraie condition du bonheur (c'est-à-dire *tel est* mon avis; *telle est* la vraie condition du bonheur).

CHAPITRE IX.

DE LA CONJONCTION.

407. — La *conjonction* est un mot invariable qui sert à joindre deux propositions, ou deux termes semblables d'une même proposition; Ex. : Vous serez récompensés *si* vous le méritez; Aimez votre père *et* votre mère.

408. — Une conjonction se trouve quelquefois au commencement d'une phrase; c'est:

---

405. Quelle remarque fait-on sur les prépositions *durant* et *pendant*? — 406. Et sur *voici*, *voilà*? — 407. Qu'est-ce que la conjonction? — 408. Quand trouve-t-on la conjonction au commencement d'une phrase?

1° Lorsque la proposition placée la première dépend d'une proposition suivante ; alors il y a *inversion* dans l'ordre des propositions ; Ex. : *Lorsque* vous viendrez, je serai parti ;

L'ordre grammatical est : *Je serai parti lorsque* vous viendrez. — Il y a *inversion*, toutes les fois que l'ordre grammatical est interverti, c'est-à-dire quand un complément, soit substantif, soit proposition, est placé avant le mot ou avant la proposition dont il dépend. (Voir, au commencement de la Syntaxe, le chapitre de l'Analyse logique.)

2° Lorsque la phrase est interrogative ou exclamative, et que le premier verbe est sous-entendu ; Ex. : *Quand* viendrez-vous? *Que* Dieu vous bénisse ! (c'est-à-dire *je demande quand* vous viendrez ; *Je souhaite que* Dieu vous bénisse) ;

3° Lorsque la proposition commençant la phrase exprime une pensée qui fait suite à la phrase précédente ; Ex. : Dieu est juste et bon. *Donc*, nous devons espérer en lui.

409. — Les conjonctions qui s'emploient le plus souvent pour unir deux termes semblables d'une même proposition, sont *et*, *ou*, *ni*, *mais*.

Par termes semblables, on entend deux mots de même nature, faisant la même fonction ou ayant le même rapport ; Ex. : Il nuit *à ses intérêts et à ceux des autres* ; Il est *pauvre ou avare* ; Il ne faut pas *parler, mais agir*.

410. — On ne doit pas se servir des conjonctions *et*, *ni*, *ou*, *mais*, pour joindre deux compléments qui ne seraient pas précédés de la même préposition ; ainsi il ne faudrait pas dire : Elle aime le *jeu et à se promener* ; ni, Elle craint *les reproches et d'être punie* ; mais, Elle aime *le jeu et la promenade* ; Elle craint *les reproches et les punitions* ; ou bien encore : Elle aime *à jouer et à se promener* ; Elle craint *d'être réprimandée et d'être punie*.

Ordinairement, on évite encore de mettre ces conjonctions, entre un substantif et une proposition, servant l'un et l'autre de complément à un verbe ; ainsi au lieu de : *Il mérite votre bienveillance et que vous vous intéressiez à lui*, il vaut mieux dire : Il mérite *votre bienveillance et votre intérêt*.

DIFFÉRENTES SORTES DE CONJONCTIONS.

411. — Comme pour les adverbes et les prépositions, on

---

409. Quelles sont les conjonctions qui unissent deux termes semblables? — 410. Quand ne doit-on pas employer *et*, *ou*, *ni*, *mais*? — 411. Combien de sortes de conjonctions sous le rapport de la forme?

distingue des conjonctions *simples*, ou formées d'un seul mot, telles sont : *et*, *ou*, *ni*, *mais*, *si*, *car*, *quand*; — et des conjonctions *composées*, ou *locutions conjonctives*, qui sont formées de plusieurs mots; telles sont : *avant que*, *parce que*, *par conséquent*, *c'est-à-dire*.

412. — Quant à leur signification particulière ou à leurs divers usages, les conjonctions se divisent en dix sortes principales, que l'on nomme :

1° *Additionnelles*, qui rapprochent deux idées, pour les placer sous la même affirmation ou sous la même négation, comme *et*, *ni*;

2° *Disjonctives* ou *alternatives*, qui rapprochent deux idées, pour établir entre elles un rapport d'exclusion ou de succession, comme *ou*, *sinon*, *tantôt*, *soit*;

3° *Adversatives*, qui unissent deux idées, pour les opposer l'une à l'autre, comme *mais*, *cependant*, *quoique*;

4° *Dubitatives* ou *conditionnelles*, qui servent à marquer le doute ou la condition, comme *si*, *pourvu que*;

5° *Circonstancielles*, qui marquent le temps ou l'ordre, comme *quand*, *lorsque*, *avant que*, *après que*;

6° *Conclusives* ou *transitives*, qui servent à déduire une conséquence, ou à faire l'application d'une pensée précédemment énoncée, comme *donc*, *par conséquent*, *ainsi*, *or*;

7° *Causales*, servant à annoncer la cause, le motif de ce qui vient d'être dit; tels sont : *car*, *puisque*, *parce que*;

8° *Comparatives*, servant à marquer une comparaison; tels sont : *de même que*, *aussi bien que*, *comme*, *plutôt que*;

9° *Explicatives*, suivies de détails qui développent ou expliquent ce qui précède; tels sont : *savoir*, *c'est-à-dire*;

10° *Complétive*; on nomme ainsi la conjonction *que*, lorsqu'elle est entre deux propositions dont la seconde sert de complément direct ou indirect au verbe précédent, ou forme le second terme d'une comparaison; Ex. : Je crois *que vous avez raison*; Ils ne conviendront pas *qu'ils ont tort*; Vous êtes aussi prudent *que votre frère est téméraire*.

413. — La conjonction *que* s'emploie souvent pour remplacer une autre conjonction; elle prend alors la signification de la conjonction dont elle tient la place; Ex. : Vous réussirez *si* vous travaillez, et *que* vous soyez persévérant, c'est-à-dire et *si* vous êtes persévérant; On a couru après lui *qu*'il était déjà loin; c'est-à-dire *lorsqu*'il était, etc.;

---

412. Combien de sortes de conjonctions quant à leur signification? — 413. Comment s'emploie encore la conjonction *que*?

Que ne réclamez-vous ? c'est-à-dire *pourquoi* ne réclamez-vous pas ?

Observation. On a dû rappeler, dans la liste qui va suivre, certains mots déjà compris dans la liste des adverbes, et qui sont susceptibles de s'employer soit comme adverbes soit comme conjonctions.

414. — LISTE DES PRINCIPALES CONJONCTIONS ET LOCUTIONS CONJONCTIVES.

Ainsi (signifiant *donc*), alors, à peine (suivi de *que*), à propos, au moins, au reste, aussi (signifiant *c'est pourquoi*), au surplus, autrement.

Bien plus, car, cependant, c'est-à-dire, c'est pourquoi, comme, comme si, comme quoi.

D'abord, d'ailleurs, de même, de plus, dès lors, désormais, donc, dorénavant, du moins, du reste.

En conséquence (signifiant *donc*), encore, enfin, en effet, ensuite, et.

Lorsque, mais, néanmoins, ni, or, ou, ou bien.

Par conséquent, pourtant, plus, puis, puisque, quand, que, quoique.

Savoir, si, sinon, soit (*répété*), tantôt (*répété*), toujours, toutefois, etc.

A cette liste, il faut ajouter les nombreuses locutions conjonctives composées de *que* :

Afin que, à condition que, à moins que, de crainte que, de peur que, parce que, pourvu que, tandis que, de façon que, de sorte que, du temps que, etc.

415. — Tout adverbe et toute préposition suivis de *que* forment une locution conjonctive ; tels sont :

Alors que, ainsi que, à présent que, aussi bien que, aussitôt que, autant que, bien que, bien loin que, maintenant que, même que, peut-être que, plutôt que, pour peu que, si bien que, si peu que, tant que, une fois que, dès lors que, un jour que, etc.

Après que, avant que, attendu que, au fur et à mesure que, depuis que, dès que, excepté que, moyennant que, outre que, pendant que, pour que, selon que, suivant que, supposé que, voici que, voilà que, vu que, etc.

416. — Il est à remarquer que la plupart des conjonctions expriment une idée déterminative analogue à celle d'un adverbe ou d'un complément circonstanciel ; Ex. : Il arrivera *quand* vous partirez, c'est-à-dire *dans le temps où* vous partirez ; Vous réussirez *si* vous travaillez, c'est-à-dire *à la condition que* vous travailliez ; Je suis malade, *autre-*

---

414. Dites les principales conjonctions et locutions conjonctives. — 415. Que sont les adverbes et les prépositions suivis de *que* ? — 416. Quelle est l'idée exprimée par la plupart des conjonctions ?

ment je serais parti, c'est-à-dire *en cas contraire*, je serais parti.

417. — Certaines locutions conjonctives deviennent locutions prépositives, lorsqu'on remplace la conjonction *que* par *de*, ou si l'on fait suivre *que* du mot *de*; telles sont : *Afin de, à moins de, au lieu de, avant de, bien loin de, de crainte de, de peur de, lors de, loin de, avant que de, plutôt que de*, etc. — Après ces mots, le temps personnel se remplace par un infinitif, faisant fonction de complément.

REMARQUES PARTICULIÈRES.

418. — *Comme* est conjonction ou adverbe :

1° *Comme*, conjonction, signifie, parce que, de même que, lorsque; Ex. : *Comme* ses raisons paraissaient bonnes, on s'y rendit; Il parle *comme* il pense; Elle sortait *comme* nous entrions.

2° L'adverbe *comme* signifie, en qualité de, combien, comment, presque, en quelque sorte; Ex. : Cette plante est employée *comme* vermifuge; Je sais *comme* il est studieux; Je voudrais savoir *comme* il se conduit; Il était *comme* fou.

419. — *Pourquoi* signifiant pour quel motif, est conjonction et s'écrit en un seul mot; Ex. : J'ignore *pourquoi* il est fâché; *Pourquoi* n'est-elle pas partie?

On écrit *pour quoi* en deux mots, avec *pour* préposition et *quoi*, pronom conjonctif, quand ce dernier mot a rapport à un antécédent; Ex. : Il n'y a rien *pour quoi* il se donne plus de peine, c'est-à-dire il n'y a aucune chose *pour laquelle* il se donne plus de peine.

420. — *Parce que* conjonction, signifiant, par la raison que, s'écrit en deux mots; Ex. : Il s'est caché, *parce qu*'il était coupable.

On écrit en trois mots *par ce que*, signifiant, par cela que, par la chose que; Ex. : Je juge de ce livre *par ce que* l'on m'en a dit.

---

417. Quand une locution conjonctive devient-elle prépositive? — 418. Quand *comme* est-il conjonction ou adverbe? — 419. Quand écrit-on *pourquoi* en un seul mot ou en deux? — 420. Quelles sont les deux manières d'écrire *parce que*?

421. — *Quoique* signifiant, bien que, est conjonction et s'écrit en un seul mot; Ex. : Il vit simplement, *quoiqu'*il soit très- riche.

On écrit en deux mots, *quoi que*, pronom indéfini signifiant, quelque chose que; Ex. : *Quoi que* dise un menteur, on ne le croit pas.

(Voir, pour les mots *si*, *que*, *quand*, au chapitre de l'adverbe et de la préposition.)

CHAPITRE X.

DE L'INTERJECTION.

422.— L'*interjection* est un mot invariable qui s'ajoute à une proposition pour exprimer plus vivement une pensée, un sentiment ou une sensation; Ex. : *Oh!* que j'ai eu peur! *Ah!* quel bonheur! *Hélas!* que je vous plains! *Aïe!* vous me faites mal.

Quelquefois, l'interjection tient lieu d'une proposition sous-entendue; Ex. : Vous a-t-on donné quelque espoir? — *Hélas!* (Ce dernier mot équivaut à la réponse négative : *On ne m'en a donné aucun.*)

423. — L'interjection est nommée ainsi, parce qu'elle est comme jetée au milieu du discours, sans liaison, ni rapport de construction avec les autres mots d'une phrase

424.— L'interjection, étant une sorte de cri ou une exclamation, est toujours suivie d'un point d'exclamation.

425. — Les idées, les sentiments ou les sensations que les interjections servent le plus ordinairement à exprimer, sont : l'admiration, l'apostrophe, l'approbation, l'avertissement, le blâme, le commandement, la crainte, la douleur, le doute, l'interpellation, l'interrogation, l'invocation, la joie, le mépris, le soulagement, la tristesse, etc.

421. Quelles sont les deux manières d'écrire *quoique*? — 422. Qu'est-ce que l'interjection? De quoi peut-elle tenir lieu? — 423. Pourquoi est-elle ainsi nommée? — 424. De quoi la fait-on suivre? — 425. Quelles idées, quels sentiments ou quelles sensations les interjections servent-elles à exprimer?

426. — LISTE

DES PRINCIPALES INTERJECTIONS, SIMPLES OU COMPOSÉES.

Ah! ahi! aïe! bah! bast! chut! crac! dà! oui-dà! dam! diantre! eh! eh bien! fi! fi donc! ha! ha ha! hé! hé bien! hé quoi! hélas! hem! hein! heu! hi hi! ho! ho ho! hom! ô! oh! ouais! ouff! paf! parbleu! pouah! pouf! st! sus! zest! etc.

427. — Certains mots s'emploient accidentellement comme interjections, et demandent alors après eux le point d'exclamation; tels sont :

Allons! bravo! bien! bon! ça! or ça! ciel! cieux! courage! Dieu! dieux! ferme! gare! miséricorde! paix! peste! quoi! silence! etc.

REMARQUES PARTICULIÈRES.

428. — Devant un substantif ou un pronom de la seconde personne, pour marquer l'apostrophe ou l'invocation, on écrit ainsi, *ô*, sans le faire suivre immédiatement d'un point d'exclamation; Ex. : *O* siècle, *ô* temps, *ô* mœurs! — *ô* Dieu, ayez pitié de nous! — *ô* vous, qui que vous soyez, secourez-moi!

429. — On écrit ainsi, *oh!* pour marquer la crainte; — *ho!* pour l'admiration; *ho! ho!* pour l'étonnement.

430. — On écrit ainsi, *ah!* pour marquer un sentiment sérieux et profond; — *ha!* ou *ha! ha!* pour marquer la joie ou un sentiment léger.

431. — *Eh!* s'emploie pour l'interrogation; — *hé!* sert à appeler.

CHAPITRE XI.

DE L'ANALYSE GRAMMATICALE.

432. — En grammaire, on entend par *analyse*, la décomposition que l'on fait d'une phrase, pour apprécier chacune de ses parties soit en elle-même, soit dans son rapport avec les autres parties de la phrase.

---

426. Dites les principales interjections. — 427. N'y a-t-il pas des mots qui s'emploient accidentellement comme interjections? — 428. Quand *ô* s'écrit-il ainsi? — 429. Quand écrit-on *oh* ou *ho*? — 430. Quand écrit-on *ah* ou *ha*? — 431. Quel est l'usage de *eh* et de *hé*? — 432. Qu'entend-on, en grammaire, par analyse?

433. — On distingue deux sortes d'analyses : l'analyse *grammaticale* et l'analyse *logique*.

(Il sera traité de cette dernière au commencement de la syntaxe.)

MÉTHODE D'ANALYSE GRAMMATICALE.

434. — L'*analyse grammaticale* consiste à rendre compte de chaque mot de la phrase ; 1° quant *à sa nature* ; 2° quant à *ses propriétés* accidentelles ; 3° quant à *sa fonction* ou à *son rapport*.

435. — On rend compte de la *nature* d'un mot, en disant à quelle espèce et à quelle classe particulière de l'espèce il appartient :

436. — On rend compte de ses *propriétés accidentelles*, en disant :

1° Pour le substantif, l'article, l'adjectif, le pronom, le participe variable, quel est le genre et quel est le nombre du mot analysé : de plus, pour le pronom personnel et le pronom conjonctif, on dit de quelle personne ils sont ;

2° Pour le verbe, on dit la personne, le nombre, le temps, le mode et la conjugaison. (On analyse un temps composé en prenant ensemble l'auxiliaire et le participe ; mais, si le participe s'accorde, on l'analyse ensuite séparément.)

437. — On rend compte de la *fonction* ou du *rapport*, en considérant les mots dans leur emploi de dénominatifs, de modificatifs ou de conjonctifs ; ainsi :

1° Pour les *dénominatifs* (substantifs, pronoms et infinitifs), on dit s'ils sont sujets, compléments directs ou indirects ; de quel verbe ils sont sujets ou de quel mot ils sont compléments ;

2° Pour les *modificatifs* (article, adjectifs, verbes, participes et adverbes), on dit à quel mot ils se rapportent. — La même indication est à donner pour les dénominatifs employés accidentellement comme modificatifs, et pour les pronoms qui sont relatifs à un autre mot ;

3° Pour les *conjonctifs* (prépositions, conjonctions, pronoms conjonctifs et adverbes conjonctifs), on dit quels sont les deux termes ou les deux propositions qu'ils unissent.

---

433. Combien en distingue-t-on de sortes ? — 434. En quoi consiste l'analyse grammaticale ? — 435. Comment rend-on compte de la nature d'un mot ? — 436. Et de ses propriétés accidentelles ? — 437. Comment rend-on compte de la fonction ou du rapport d'un mot ?

438. — On rend compte de l'interjection, en se bornant à dire quelle idée, quel sentiment ou quelle sensation elle sert à exprimer.

GALLICISMES ET MOTS EXPLÉTIFS.

439. — On appelle *gallicismes*, certaines formes de langage qui sont particulières à la langue française, et qui, bien que autorisées par l'usage, ne sont pas conformes aux principes généraux de la grammaire, et ne peuvent conséquemment être analysées.

440. — Pour analyser une phrase où se trouve un gallicisme, il faut auparavant substituer à cette forme de langage une expression régulière d'un sens équivalent; ainsi : *Il y a deux jours qu'il est parti,* se tournera par, il est parti depuis deux jours; *Si j'étais que de vous* (si j'étais à votre place, ou si j'étais vous); *Cela ne laisse pas que de m'inquiéter* (cela m'inquiète); *Je vous le traiterai comme il le mérite* (je le traiterai comme etc.); *C'est dans cette rue qu'il demeure* (il demeure dans cette rue); *Il va partir* (il partira bientôt); *Il vient de partir* (il est parti tout à l'heure).

441. — Il y a des mots que l'on nomme *explétifs* et que, dans l'analyse, il convient d'indiquer seulement comme tels. On appelle ainsi, les mots qui ne servent qu'à la construction, en rendant l'expression plus agréable ou plus énergique, mais qui n'ajoutent rien à la pensée et que l'on peut retrancher sans nuire au sens.

Ainsi dans : *C'est* à vous *que* je parle; Buvez-*moi* cette potion; Je *vous* le traiterai comme il le mérite, — les mots *c'est, que, moi* et *vous*, sont explétifs; ces phrases signifient : *Je vous parle; Buvez cette potion; Je le traiterai comme il le mérite.*

Comme on le voit, un gallicisme peut consister seulement dans l'emploi de mots explétifs.

Les prépositions *à, de*, placées devant un infinitif qui est complément direct, répondant à la question *quoi?* sont mots explétifs. — Il en est de même de la préposition *de* devant

---

438. Comment analyse-t-on une interjection? — 439. Qu'est-ce qu'un gallicisme? — 440. Que doit-on faire pour analyser une phrase où se trouve un gallicisme? — 441. Que nomme-t-on mots explétifs et quel compte en tient-on dans l'analyse?

un infinitif sujet réel d'un verbe unipresonnel, ou bien devant un adjectif précédé d'un mot indéfini ou d'un mot exprimant une idée de quantité; Ex. : Aimer *à jouer;* Cesser *de parler;* — Il est convenable *de répondre;* Il n'y a rien *de meilleur;* Quoi *de plus beau* que la vertu! Il y eut plusieurs personnes, dix personnes *de tuées.*

OBSERVATION. Il ne faut pas confondre avec les mots explétifs, ceux qui forment ce que l'on appelle *pléonasme*, bien que ces derniers soient, comme les mots explétifs, inutiles au sens. Comme on le verra dans la syntaxe, un mot forme pléonasme lorsqu'il répète une idée exprimée par un autre mot, dans la même proposition; il a toujours dans la phrase une fonction dont l'analyse peut rendre compte, et ne doit point être considéré comme gallicisme. — Ainsi dans : *Moi*, je ne veux pas; Le temps est-*il* beau? Tu nous écriras *à nous-mêmes;* Je l'ai vu *de mes yeux;* — les mots *moi, il, à nous-mêmes, de mes yeux,* sont des pléonasmes.

MODÈLES D'ANALYSE GRAMMATICALE.

442. — PHRASE A ANALYSER : La parole du calomniateur est semblable au charbon : elle noircit ce qu'elle touche, quand elle ne le brûle pas.

La.......... Article simple, fémin. singulier, se rapportant à *parole.*
parole...... Substantif commun, féminin singulier, sujet de *est.*
du.......... Article contracte, pour *de le*, masculin singulier, se rapportant à *calomniateur.*
De, préposition simple, joignant son complément *calomniateur* à *parole.*
calomniateur Substantif commun, masculin singulier, complément indirect de *parole.*
est.......... Verbe substantif *être*, à la troisième personne du singulier du présent de l'indicatif, 4e conjugaison, se rapportant à son sujet *parole.*
semblable... Adjectif qualificatif, féminin singulier, se rapportant à *parole.*
au.......... Article contracte, pour *à le*, masculin singulier, se rapportant à *charbon.*
A, préposition simple, joignant son complément *charbon* à *semblable.*
charbon..... Substantif commun, masculin singulier, complément indirect de *semblable.*
elle......... Pronom de la troisième personne, féminin singulier, relatif à *parole* et sujet de *noircit.*
noircit...... Verbe transitif *noircir*, à la troisième personne du singulier du présent de l'indicatif, 2e conjugaison, se rapportant à son sujet *elle.*
ce.......... Pronom indicatif et absolu, masculin singulier, complément direct de *noircit.*

442-443-444. Analysez les phrases proposées pour les trois modèles d'analyse grammaticale.

que......... Pronom conjonctif, masculin singulier, relatif à son antécédent *ce*, et complément direct de *touche*, joignant la proposition suivante à celle qui précède.
elle......... Mot déjà analysé, sujet de *touche*.
touche...... Verbe transitif *toucher*, à la troisième personne du singulier du présent de l'indicatif, première conjugaison, se rapportant à son sujet *elle*.
quand...... Conjonction simple circonstancielle, joignant la proposition qui suit à la proposition, *elle noircit cela*.
elle......... Mot déjà analysé, sujet de *brûle*.
ne pas...... Adverbe composé, marquant la négation, se rapportant à *brûle*.
le.......... Pronom de la troisième personne, masculin singulier, relatif à *ce*, et complément direct de *brûle*.
brûle....... Verbe transitif *brûler*, à la troisième personne du singulier du présent de l'indicatif, 1re conjugaison, se rapportant à son sujet *elle*.

443. — Autre phrase a analyser (*avec emploi de signes abréviatifs*) : Il n'est point nécessaire de faire de grands pas pour arriver à temps, mais on doit marcher droit et sans s'arrêter en chemin.

Il.......... pron. abs. de la 3e pers. masc. sing. suj. apparent de *est*.
est......... v. subst. *être*, accid. unip. 3e pers. du sing. prés. indic. 4e conj. se rapp. au suj. *il*.
ne point.... adv. composé, marq. la négation, se rapp. à *nécessaire*.
nécessaire... adj. qual. masc. sing. attribut du sujet *faire*.
de......... prép. mot explétif.
faire....... v. trans. au prés. de l'infin. 4e conj. suj. réel de *est*.
de.......... prép. simple annonçant un sens partitif.
grands..... adj. qual. masc. plur. se rapp. à *pas*.
pas......... subst. comm. masc. plur. compl. dir. de *faire*.
pour....... prép. simple, joignant son compl. *arriver* à *nécessaire*.
arriver...... v. intrans. au prés. de l'infin. 1re conj. compl. indir. de *nécessaire*.
à temps..... adv. composé se rapp. à *arriver*.
mais........ conjonct. simple, adversative, joignant la proposition *on doit*, etc., à la précédente.
on.......... pron. abs. indéf. masc. sing. suj. de *doit*.
doit........ v. trans. *devoir*, 3e pers. sing. prés. indic. 3e conjug. se rapp. à son sujet *on*.
marcher.... v. intr. au prés. de l'infin. 1re conj. compl. dir. de *doit*.
droit....... adj. employé adverbialement, se rapp. à *marcher*.
et.......... conjonct. simple additionnelle, joignant les deux déterminatifs du verbe *marcher*.
sans........ prép. simple, joignant son complément *s'arrêter* à *marcher*.
se.......... pron. pers. réfléchi, de la 3e pers. masc. sing. relat. à *on*, compl. dir. de *arrêter*.
arrêter..... v. trans. accid. pron. au prés. de l'infin. 1re conj. compl. indir. de *marcher*.
en.......... prép. simple joignant son compl. *chemin* à *s'arrêter*.
chemin...... subst. comm. masc. sing. compl. indir. de *s'arrêter*.

AUTRE MÉTHODE SIMPLIFIÉE.

Observation. Les élèves disposeront leur cahier d'analyse d'une manière conforme au tableau ci-après ; il serait également utile qu'un grand tableau noir fût établi de la sorte pour les exercices oraux faits en commun dans la classe.

444. — TABLEAU D'ANALYSE GRAMMATICALE.

MOTS à analyser.	ESPÈCES.	PERSONNE.	NOMBRE.	GENRE.	TEMPS.	MODE.	CONJUG.	FONCTIONS OU RAPPORT.
L'	art. s.		s.	m.				se rapp. à *homme*.
homme	subst. comm.		s.	m.				sujet de *trouve* et de *peut*.
qui	pron. conj.	3e	s.	m.				relat. à *homme* et sujet de *conduit*.
se	pron. pers. réfl.	3e	s.	m.				relat. à *homme* et compl. dir de *conduit*.
conduit	v. acc. pron.	3e	s.		prés.	ind.	4e	se rapp. à son sujet *qui*.
bien	adv. s.							se rapp. à *conduit*.
trouve	v. trans.	3e	s.		prés.	ind.	1re	se rapp. à son sujet *homme*.
son	adj. poss.		s.	m.				se rapp. à *bonheur*.
bonheur	subst. comm.		s.	m.				compl. dir. de *trouve*.
dans	prép. s.							joignant *paix* à *trouve*.
la	art. s.		s.	f.				se rapp. à *paix*.
paix	subst. comm.		s.	f.				compl. indir. de *trouve*.
de	prép. s.							joignant *conscience* à *paix*.
sa	adj. poss.		s.	f.				se rapp. à *conscience*.
conscience	subst. comm.		s.	f.				compl. indir. de *paix*.
et	conjonct. s.							joignant deux propos.
ne	adv. s. négat.							se rapp. à *peut*.
peut	v. trans.	3e	s.		prés.	ind.	3e	se rapp. à son suj. *homme*.
être	v. subst.				prés.	infin.	4e	compl. dir. de *peut*.
blessé	part. passé.		s.	m.				se rapp. à *homme*.
par	prép. s.							joignant *traits* à *blessé*.
les	art. s.		pl.	m.				se rapp. à *traits*.
traits	subst. comm.		pl.	m.				compl. indir. de *blessé*.
empoisonnés	adj. qual.		plur.	m.				se rapp. à *traits*.
de	prép. s.							joignant *calomnie* à *traits*.
la	art. s.		s.	f.				se rapp. à *calomnie*.
calomnie	subst. comm.		s.	f.				compl. indir. de *traits*.

CHAPITRE XII.

DE L'ORTHOGRAPHE D'USAGE.

Observation. La principale règle de l'orthographe d'usage est celle de la *dérivation ;* cependant, cette règle, de même que les remarques concernant la *réduplication des consonnes* et l'orthographe des *finales homonymes*, souffre beaucoup d'exceptions, que l'usage seul de la langue, c'est-à-dire la lecture et l'observation doivent faire connaître. —

Malgré l'utilité dont ils seront dans la pratique, les principes qui font l'objet de ce chapitre ne peuvent pourtant prévoir tous les cas, ni dispenser absolument de l'emploi du dictionnaire.

DE LA DÉRIVATION.

445. — Règle. En général, pour savoir comment s'écrit un mot primitif, on consulte ses dérivés ou les mots de la même famille, dans les deux cas suivants :

1° Lorsque le mot primitif se termine par une consonne qui ne se prononce pas, et qui n'est sensible que dans la prononciation de ses dérivés ; Ex. : *Amas*, amasser ; *art*, artiste ; *bord*, border ; *bond*, bondir ; *berger*, bergère ; *bois*, boiserie ; *champ*, champêtre ; *chant*, chanter ; *drap*, draper ; *dent*, dentiste ; *dard*, darder ; *fusil*, fusiller ; *gril*, griller ; *gros*, grosseur ; *lot*, loterie ; *mort*, mortel ; *plat*, plate ; *rond*, rondeur ; *sang*, sanguin ; *toit*, toiture, etc.

2° Lorsque, dans le mot primitif, se trouve un son susceptible d'être diversement représenté ; Ex. : *Fin*, finir ; *fin*, finesse ; *faim*, famine ; *vin*, vinaigre ; *vain*, vanité ; *pépin*, pépinière ; *pain* (aliment), panification ; *plein*, *pleine*, plénitude ; *plain-chant*, *plain pied*, *plaine campagne*, surface plane ; *chemin*, cheminer ; *main*, manuel ; *peine*, pénal ; *graine*, granulé ; *tribun*, tribune ; *parfum*, parfumer ; *nom*, nommer ; *don*, donner ; *femme*, féminin ; *hymen*, hyménée ; *matin*, matinée, etc.

446. — Exceptions. Il y a un grand nombre de mots dont on ne peut connaître l'orthographe par la dérivation, ou pour lesquels la dérivation induirait en erreur ; tels sont les suivants : *Abri*, *favori*, *bijou*, *dépôt*, *héros*, *tabac*, *effort*, *corps*, *reflux*, *nez*, *étain*, *examen*, etc., dont les dérivés sont : *Abriter*, *favorite*, *bijoutier*, *déposer*, *héroïsme*, *tabatière*, *efforcer*, *corporel*, *nasal*, *étamer*, *examiner*, etc.

DE LA RÉDUPLICATION DES CONSONNES.

447. — La consonne finale d'un mot primitif ne se double point dans les dérivés, lorsqu'elle est précédée d'une

---

445. Comment la dérivation peut-elle faire connaître l'orthographe des primitifs ? — 446. Cette règle n'a-t-elle pas de nombreuses exceptions ? — 447. Quand la consonne finale d'un primitif ne se double-t-elle point dans les dérivés ?

autre consonne; Ex. : Bord, *border;* art, *artiste;* rang, *ranger*.

De même, après l'*e* conservant la prononciation de l'*e* muet, il n'y a jamais réduplication de consonne. Ainsi dans, *jeter, appeler, prenant*, les consonnes *t, l, n*, sont simples, parce que l'*e* qui précède est muet; mais ces consonnes se doublent dans, *il jette, il appelle, ils prennent*, pour donner au premier *e* le son d'un *e* ouvert.

448. — Les consonnes susceptibles d'être redoublées sont, *b, c, d, f, g, l, m, n, p, r, s, t;* et celles qui ne se redoublent jamais sont, *h, j, k, q, v, x, z*, excepté cette dernière dans, *lazzi, mezzo-terminé*, mots empruntés de l'italien.

449. — B se double dans *abbé, gibbeux, rabbin, sabbat*, et dans les dérivés de ces mots, tels que, *abbaye, gibbosité, rabbinisme, sabbatiser*, etc.

Observation. L'orthographe des dérivés, quant à la réduplication de la consonne, étant conforme à celle de leurs primitifs, on se bornera, le plus ordinairement, à mentionner ces derniers mots; il sera entendu que la même remarque s'applique aux dérivés.

450. — C se double dans les initiales, *occ* et *succ*, et souvent aussi dans *acc;* Ex. : *Occuper, succès, accuser, accent, accroître, acclamer*.

Excepté : *ocre, oculiste, sucre, acabit, académie, acariâtre, acacia, acajou, acagnarder, acanthe, acolyte, aconit, acoquiner, acoustique, âcre* (adj.), *acre* (subst.), *acrimonie, acrobate, acrostiche*, et les dérivés. — Le c prononcé comme *s* forte entre deux voyelles, ne se double jamais : *acerbe, acérer, acide, acier, océan, sucer*.

451. — D se double dans, *addition, adduction, reddition*, et les dérivés.

452. — F se double dans les initiales, *aff, eff, souff, diff, off, suff;* Ex. : *Affaire, effort, souffrir, différer, offrir, suffire.*

Excepté : *afin, Afghan, afistoler, Afrique, éfaufiler, éfourceau, soufre* (subst.), et les dérivés de ces mots.

453. — G se double dans *agglomérer, agglutiner, aggraver, suggérer*, et les dérivés.

---

448. Quelles consonnes sont susceptibles de se doubler et lesquelles ne le sont pas? — 449. Quand double-t-on la lettre *b*? — 450. Et la lettre *c*? (Ajouter, lorsqu'il y a lieu, cette autre question : Quelles son les exceptions?) — 451. Et la lettre *d*? — 452. Et la lettre *f*? — 453. E la lettre *g*?

454. — L se double :

1° Dans *ill*, au commencement des mots ; Ex. : *Illusion, illimité, illustre ;*

Excepté : *île, ilote.*

2° Dans le corps des mots, lorsque cette lettre est mouillée, se prononçant *ye ;* Ex. : *Bouillon, famille, travailler, sommeiller ;*

3° Dans beaucoup de mots commençant par *al, col ;* Ex. : *Allumer, alliance, collége, collyre ;* — et dans, *billevesée, ellébore, ellipse, ollaire ;*

4° Dans les mots suivants terminés par *alle* : *Balle* (subst. fém.), *dalle, faim-valle, noix de galle, halle, intervalle, malle* (coffre), *salle* (subst.), *talle, il emballe, il installe,* — et dans, *vallaire, vallée, vallon ;*

5° Dans *elle*, à la fin d'un mot féminin (excepté *grêle*), et à la fin de certains verbes ; Ex. : *Bretelle, belle, celle, ficelle, il appelle, il chancelle ;*

Il en est de même à la fin des masculins suivants : *Granitelle, libelle, polichinelle, rebelle, spinelle, vermicelle* (ou *vermicel*), *violoncelle.*

6° Dans *ill*, sans *l* mouillée, à la fin des mots suivants : *Codicille, gille, idylle, mille, pupille sibylle, tranquille, vaudeville, ville* (subst.), *il distille, il oscille, il scintille, il vacille ;*

La réduplication de la lettre *l* a lieu également dans les dérivés de ces mots, comme *million, billion, village,* etc.

7° Dans *ulle*, terminant les mots *bulle, nulle* (féminin de *nul*), et dans les dérivés *bulletin, nullement, nullité ;* mais non dans *annuler, annulation.*

455. — M se double dans les initiales, *comm, somm, imm,* et dans la terminaison *mment* des adverbes formés d'adjectifs en *ant* ou *ent ;* Ex. : *Communion, sommeil, immeuble, méchamment, prudemment.*

Excepté : *coma, comédie, comestible, comète, comices, comite, comité, image, imagination, iman, imiter,* et leurs dérivés.

On écrit aussi avec deux *m* les mots suivants : *Femme* (ses dérivés n'en prennent qu'une), *flamme, gamme, gomme, grammaire, gramme, homme, hommage, nommer* (on n'en met qu'une dans *innomé, nominal*), *pommade, pomme,* et les dérivés de ces mots, sauf les exceptions indiquées.

---

454. Quand double-t-on la lettre *l*? — 455. Et la lettre *m*?

456. — N se double :

1° Dans, *connaître, connétable, connexion, connivence, inné, innocent, innombrable, innomé, innover ;*

2° Dans les dérivés des mots en *ion,* qui ne conservent pas le son nasal de l'*n* ; Ex. : *Fractionner, pensionnaire, lionne ;*

Excepté dans *national* et dans les autres dérivés de *nation.*

3° Dans la plupart des dérivés des mots en *on*, lorsque le son nasal n'est pas conservé ; Ex. : *Donner, sonner, tonner, bonne, garçonnière, gasconnade, maçonnerie, poltronnerie ;*

Excepté : *colonie, démoniaque, donateur, donation, gasconisme, intonation, limonade, patronal, septentrional, saumoneau, sonore, sonorité.*

4° Dans les mots suivants et leurs dérivés : *Banne, canne, Jeanne, manne, panne, panneau, panneton, vanneau, vannier, il tanne*, etc. ;

5° Dans, *honnête, honnir,* et les dérivés ; dans *honneur,* quoique ses dérivés prennent une seule *n : honorer, honorable.*

457. — P se double ordinairement dans, *app*, *oppo*, *oppr*, *supp*, au commencement des mots ; Ex. : *Apparence, appui, approcher, opposer, opprimer, suppléer, supprimer.*

Excepté : 1° *Apaiser, apanage, aparté, apathie, guet-apens, apercevoir, apéritif, apetisser, api, apitoyer, aplanir, aplomb, âpre, après, âpreté, apurer, supin, suprême,* et les dérivés de ces mots ;

2° Les mots qui commencent par *apo, super,* comme *apogée, apôtre, superbe, supérieur,* etc.

On double cependant le *p* dans, *appoint*, *appointer*, *apposer, apport, apporter,* et leurs dérivés, etc.

La lettre *p* se double aussi dans les terminaisons des mots suivants : *Échoppe*, *enveloppe*, *grappe, huppe, nappe, il échappe, il frappe, il happe, il jappe, il développe, il enveloppe, il grippe,* (mais non dans les substantifs, *gripe, chape, chope*).

458. — R se double :

1° Dans les initiales *irr, corr ;* Ex. : *Irréflexion, irrité, irruption, correct, corriger;*

Excepté : *irascible, ire, iris, ironie, Iroquois, corail, coran,*

---

456. Et la lettre *n*? — 457. Et la lettre *p*? — 458. Et la lettre *r*? —

coreligionnaire, coriace, coriandre, corinthien, corollaire, corolle, coronaire, coronal, coronille, corybante, corymbe, coryphée, coryza; — de plus, tous les dérivés ou mots de la même famille que les précédents, et beaucoup d'autres appartenant aux sciences, ou peu usités dans le langage ordinaire.

2° Dans la terminaison *arre* des mots suivants : *Amarre, arrhe, bagarre, barre, bécarre, bizarre, escarre, jarre, Navarre, simarre, tintamarre, il bigarre, il se carre, il chamarre, il contrecarre, il démarre, il narre,* et les dérivés de ces mots, comme *bizarrerie, carrure, narration*, etc.;

3° Dans la terminaison *erre* des mots suivants : *Angleterre, Auxerre, cimeterre, équerre, guerre* (subst., mais non dans, *guère,* adverbe), *lierre, parterre, pierre, serre* (subst.), *terre, tonnerre, verre* (substance transparente), *il atterre, il déferre, il desserre, il déterre, il épierre, il erre, il ferre, il serre*, et les dérivés;

4° Dans *bourr*, au commencement d'un mot; Ex. : *Bourrache* (plante), *bourrer, bourreau, bourrique;*

Excepté : *bourache* (terme de pêche), *bouri* (sorte de bateau), *boura, bouracan, bouracanier.*

5° Dans, *charrée, charrier, charrue, charrette,* et tous les dérivés de *char*, à l'exception de *chariot;* — dans, *ferrure,* et les autres dérivés de *fer;* — dans, *serrure, fourrage, fourrer, beurre, horreur, leurre, terreur*, et leurs dérivés; — dans, *courre* (chasse à courre), *courrier, courroie, courroucer, courroux, parrain, marraine, parricide, marri,* (adj. fâché, mais non dans, *mari,* subst., époux), *marron, marronner, marronier.*

459. — S est redoublée entre deux voyelles, lorsqu'elle a la prononciation du *c;* Ex. : *Asservir, assis, assurance, laisser, glissant, poisson, dissoudre, dessus, dessous.*

Excepté : *désuétude, parasol, préséance, présupposer, entre-sol, monosyllabe, vraisemblable.* — Prononcée comme *z,* la lettre s est toujours simple : *boiserie, maison, abuser.*

460. — T se double :

1° Dans *att*, au commencement des mots, devant une voyelle, ou devant la lettre *r;* Ex. : *Attaque, attention, attirer, attraction, attrait, attrister;*

Excepté : *atèle, atelier, atermoyer, athée, athénée, Athènes,*

---

459. Quand double-t-on la lettre *s*? — 460. Et la lettre *t*?

athlète, atinter, atôme, atonie, atours, atout, atrabilaire, âtre, atroce, atrophie, et les dérivés, sans parler de quelques autres mots non usités dans le langage ordinaire.

2° Dans les mots, *lettre, littéral, nettoyer, pittoresque, sagittaire, sottise,* et les dérivés ;

3° Dans, *batte, chatte, datte, latte, matte, natte, patte, il flatte, il gratte;* et dans les substantifs et adjectifs féminins en *ette*, comme *assiette, dette, violette, muette*, etc. (Pour les verbes qui ont cette dernière terminaison, voir le chapitre du verbe, nos 309, 310 et 312) ;

Excepté : *comète, complète, concrète, diète, discrète, épithète, escopète, inquiète, replète, secrète.*

4° Dans la plupart des mots féminins en *otte*, comme *carotte, flotte, motte*, etc.

Excepté : *anecdote, bergamote, bigote, capote, compote, cote* (signifiant, taxe), — mais avec deux *t*, signifiant : *cotte* de maille, ou *cotte* (jupe de femme), — *dévote, galiote, gargote, idiote, matelote, nabote, note, papillote, pelote, ravigote, redingote, rote.*

Tous les masculins ayant cette terminaison ne prennent qu'un *t*, comme *patriote, prote*, etc.

(Pour les verbes en *oter* ou *otter*, comme *annoter*, *botter*, voir le dictionnaire.)

5° Les terminaisons *outte* et *utte* avec deux *t* ne se trouvent qu'aux mots *goutte, butte, hutte et lutte.*

461. — Remarques. Pour résumer en partie les observations concernant la réduplication des consonnes au commencement des mots, on peut dire, sans pourtant donner à cette remarque une portée exclusive, que la réduplication a lieu dans les mots commençant par les syllabes, *ac, af, al, ap, ar, at, com, con, cor, ef, if, il, im, in, ir, suc, sup,* lorsque ces syllabes initiales sont ajoutées à des primitifs pour former des dérivés, comme on le voit dans les mots suivants :

Courir, *accourir;* faire, *affaire;* lier, *allier;* porter, *apporter;* rivage, *arrivage;* tirer, *attirer;* motion, *commotion;* naissance, *connaissance;* rompre, *corrompre;* forcer, *efforcer;* légal, *illégal;* mortel, *immortel;* né, *inné;* réparable, *irréparable;* céder, *succéder;* poser, *supposer.*

462. — Toutefois, cette réduplication n'a lieu que quand

---

461. En général, quand double-t-on la consonne dans la syllabe initiale d'un mot? — 462. Que faut-il au mot primitif pour qu'il y ait, dans ce cas, réduplication?

la consonne qui commence le mot primitif est suivie d'un voyelle, comme on le voit par les exemples ci-dessus, ou bien qu'elle est suivie de *l* ou *r*, comme dans les mots suivants :

Climat, *acclimater*; croître, *accroître*; flux, *affluer*; franche, *affranchir*; friand, *affriander*; prendre, *apprendre*; triste, *attrister*; flanc, *efflanqué*; front, *effronté*; planter, *supplanter*; pression, *suppression*.

463. — Les syllabes initiales indiquées ci-dessus viennent ordinairement de mots latins, dont l'idée sert à modifier le mot primitif auquel ces initiales sont ajoutées; ainsi :

1° *Ac, af, al, ap, ar, at*, viennent de la préposition latine *ad* (vers, à, auprès), dont l'idée se trouve dans, *Accourir, approcher, arriver*, etc.

2° *Com, con, cor*, viennent de la préposition latine *cum* (avec), marquant l'union, l'assemblage, la simultanéité, la mutualité; ainsi : *Commutation, connivence, correspondre*.

3° *Ef*, vient de *é, ex* (de), marquant la séparation, l'extraction, la privation, le mouvement de dedans en dehors, comme dans les mots : *Effeuiller, effiler, effréné, effusion*.

4° *Il, im, in, ir*, viennent de *in* (dans, non), marquant une idée d'intérieur, de mouvement de dehors en dedans, ou, le plus souvent, un sens négatif; ainsi : *Illuminé, immergé, s'immiscer, inné, innover, irruption, — illimité, immobile, innocent, innombrable, irrégulier*.

5° *Suc, sup*, viennent de *sub* (sous, après, à la place) : *Succéder, supporter, supplanter, suppléer*.

DES FINALES HOMONYMES.

464. — ANCE. ENCE. En général, cette terminaison s'écrit avec *a* dans les mots qui viennent d'un participe présent; Ex.: *Abondance, alliance, complaisance, confiance*.

(Voir ci-après les mots terminés par *ence*, quoique venant d'un participe présent.)

465. — On écrit aussi par *ance* les mots suivants, quoique ne venant pas d'un participe présent :

Accointance, aisance, arrogance, balance, bienveillance, bombance, Byzance, chance, circonstance, condoléance, constance,

---

463. D'où viennent la plupart des syllabes initiales sujettes à la réduplication ? — 464. Quand la terminaison *ance* s'écrit-elle avec *a* ? — 465. Quels sont les autres mots et les verbes qui ont cette même terminaison ?

créance, discordance, distance, doléance, Durance, élégance, enfance, engeance, exubérance, finance, France, garance, impuissance, inadvertance, inconstance, instance, intendance, jactance, laitance, lance, lieutenance, manigance, nonchalance, nuance, Numance, outrecuidance, pétulance, pitance, préséance, prestance, protubérance, puissance, rance, romance, stance, substance, transcendance, vaillance, vigilance, etc. (Quelques-uns de ces mots, comme *lieutenance, intendance,* viennent indirectement d'un participe présent.)

Les verbes qui prennent la terminaison *ance*, sont : *Il avance, il balance, il décontenance, il devance, il s'élance, il finance, il lance, il manigance, il nuance, il relance, il tance.*

466. — On termine par *ence*, à l'exception des mots compris dans le numéro précédent, la plupart de ceux qui, ayant cette désinence, ne viennent pas d'un participe présent ; Ex. : *Absence, cadence, défense, prudence.*

467. — Les mots suivants, quoique venant d'un participe présent, se terminent aussi par *ence :*

Adhérence, affluence, coexistence, conférence, convergence, déférence, différence, excellence, exigence, existence, négligence, préférence, présidence, résidence, révérence, semence, sentence, violence, etc.

Les verbes qui prennent la terminaison *ence* sont : *Il agence, il cadence, il ensemence, il influence.*

468. — Ant. Ent. Les mêmes observations que pour les finales *ance* et *ence*, sont applicables aux substantifs et aux adjectifs terminés par *ant* ou *ent.*

Beaucoup de ces mots dérivant du latin, il n'y a guère que l'étymologie latine qui donne la raison de leur terminaison avec *a* ou avec *e*; comme *enfant* (en latin, infans); *prudent* (prudens, que l'on prononce en latin, *prudince*).

469. — Anse. Ense. La terminaison *anse*, avec *a*, se trouve dans les mots suivants : *Anse* (de panier, petit golfe), *danse* (subst.), *contredanse*, *panse*, *transe*, *il danse*, *il panse* (de panser, faire un pansement) ;

Et la terminaison *ense*, avec *e* dans, *défense*, *dense* (adj.), *dépense*, *dispense*, *immense*, *impense*, *intense*, *mense*, (table), *offense*, *récompense*, *il dépense*, *il dispense*, *il en-*

---

466. Quand écrit-on *ence* avec un *e*? — 467. A quels autres mots et à quels verbes se trouve cette terminaison ? — 468. A quels mots trouve-t-on la terminaison *ant* ou *ent*? — 469. Quand la terminaison s'écrit-elle *anse* ou *ense*?

cense, il pense (dans le sens de pensée), *il recense, il récompense.*

470. — ANCHE. ANGE. Ces terminaisons, qui ne sont point données ici comme homonymes, s'écrivent toujours par *a*, comme dans, *manche, frange.*

Il n'y a d'excepté que les mots *pervenche, il penche, il venge.*

471. — ANDRE. ENDRE. On écrit cette terminaison :

1° Avec *a*, dans tous les noms propres : *Alexandre, Flandre, Méandre*, etc., et dans, *coriandre, esclandre, filandres, salamandre, répandre* et *épandre.*

2° Avec *e*, dans *calendre, cendre, gendre, tendre* (adj.), et dans les verbes qui ont cette désinence, excepté *répandre* et *épandre.*

472. — AU. EAU. Cette terminaison s'écrit *au* dans, *Aloyau, boyau, burgau, étau, fléau, gluau, gruau, hoyau, joyau, landau, noyau, pilau, préau, sarreau, tuyau.*

473. — REMARQUE. Les substantifs et les adjectifs qui finissent par ce son au singulier, prennent un *e* dans *eau*, lorsque la lettre *e* se trouve à la même place dans les mots de la même famille ; ainsi : *Bateau* (batelier), *chameau* (chamelle), *caveau* (cave), *ruisseau* (ruisseler), *terreau* (terre), *beau* (belle), *nouveau* (nouvelle).

Comme beaucoup de mots en *eau* n'ont point de dérivés, ce moyen ne peut s'appliquer à tous ; il suffira donc de savoir que la terminaison *au* n'appartient qu'aux mots cités ci-dessus, et *eau* à tous les autres qui ont cette désinence.

474. — EUR. EURE. EURRE. Cette finale s'écrit le plus souvent par *eur*, comme dans, *bonheur, fleur.*

Excepté : *Eure* (nom pr.), *heure* (subst. fém.), *demeure, chantepleure, plateure, beurre, babeurre, feurre, leurre* et *gageure*, qui se prononce *gajure.* — Excepté aussi les adjectifs féminins, comme *meilleure, majeure, supérieure*, etc.

475. — IAIRE. IÈRE. On termine par *iaire*, les substantifs masculins, et les adjectifs qui ont cette finale aux deux genres ; Ex. : *Bréviaire, vestiaire, auxiliaire, tributaire.*

Excepté : *cimetière, lierre, derrière, Pierre* (nom pr.).

476. — On termine par *ière*, les substantifs féminins et

---

470. Que remarque-t-on sur les terminaisons *anche* et *ange* ? — 471. Quand écrit-on la terminaison *andre* ou *endre* ? — 472-473. Quels mots finissent par *au* et lesquels par *eau* ? — 474. Comment s'écrit la finale *eur* ? — 475-476. Où se trouvent les terminaisons *iaire* et *ière* ?

le féminin des qualificatifs en *ier;* Ex. : *Bière, prière, rivière, épicière, ouvrière, fière, altière.* — On écrit avec deux *r* le substantif féminin *pierre.*

477. — MANT. MENT. Cette finale s'écrit avec *a* dans les participes présents et les adjectifs verbaux, de plus dans les substantifs *aimant, amant, calmant, flamant* (oiseau), *nécromant,* et dans l'adjectif *infamant.*

478. — Dans tous les autres mots ayant cette désinence, *ment* s'écrit avec *e;* Ex. : *Amusement, appartement, véhément, sagement.*

479. OIR. OIRE. La terminaison *oir* n'appartient qu'aux substantifs masculins et aux verbes qui ont cette désinence, excepté *boire* et *croire;* Ex. : *Abreuvoir, arrosoir, bougeoir, devoir, dortoir, espoir, manoir, noir* (subst. et adj.), *savoir.*

480. — La terminaison *oire* appartient aux substantifs féminins, comme *baignoire, gloire, mémoire* (souvenir), *poire, victoire,* et à tous les adjectifs ayant cette désinence, à l'exception de *noir;* comme *accessoire, aratoire, illusoire, notoire,* etc.

Bon nombre de substantifs masculins prennent aussi cette terminaison; voici les principaux :

Auditoire, ciboire, conservatoire, consistoire, déboire, déclinatoire, Grégoire (nom pr.), *grimoire, interrogatoire, ivoire, laboratoire, lacrymatoire, mémoire* (écrit, compte), *monitoire, observatoire, oratoire, prétoire, promontoire, purgatoire, purificatoire, réfectoire, répertoire, réquisitoire, territoire, vésicatoire, vomitoire,* (et *voire* adv., même).

481. — XION. CTION. La première de ces finales se trouve seulement aux mots suivants : *Annexion, complexion, connexion, flexion, fluxion, génuflexion, réflexion.*

Tous les autres mots ayant cette désinence se terminent par *ction,* comme *action, attraction, bénédiction, collection, componction, confection, correction, malédiction,* etc.

482. — CION. SION. SSION. TION. L'orthographe de ces finales ne peut guère s'expliquer que par l'étymologie la-

---

477-478. Et les terminaisons *mant* et *ment*? — 479-480. Quand la finale *oir* s'écrit-elle sans *e*, et quand s'écrit-elle avec *e*? — 481. Quels sont les mots terminés par *xion*, et quels sont ceux qui finissent par *ction*? — 482. Quelle remarque fait-on sur les finales *cion, sion, ssion* et *tion*?

tine; pour en faire la distinction, on peut quelquefois avoir recours à la dérivation; ainsi : *suspicion*, suspect; *répulsion*, répulsif; *passion*, passif; *prévention*, préventif.

483. — Il est à remarquer que l'on écrit ainsi *tion*, 1° après *a, i, o, u, c, p, s* : *Sensation, répétition, commotion, absolution, prédiction, inscription, question*; — 2° après les syllabes *ten, ven, cré, ser* : *Intention, prévention, discrétion, désertion*; — 3° dans *mention, portion*.

484. — On écrit 1° par *cion* : *Suspicion, succion, exsuccion, scion*; — 2° par *ssion* ou *sion*, tous les autres mots ayant cette désinence. — On met deux *s* après une voyelle, et une seule *s* après une consonne; Ex. : *Jussion, passion, mission; Pension, aversion, répulsion*.

REMARQUES PARTICULIÈRES.

485. — Dans les voyelles nasales, on remplace *n* par *m*, devant *b, m, p*; Ex. : *Ambre, emmener, emplir, imbiber, simple, ombre, rompre, humble*.

Excepté dans, *bombance, bonbon, bonbonnière, embonpoint*, où le mot *bon* conserve son orthographe propre.

Le son nasal s'écrit aussi avec *m*, à la fin de certains mots : *Parfum, faim, thym, Adam*.

486. — Pour former les syllabes *ja, jo, ju*, on emploie le *j* et non le *g*; ainsi : *jasmin, joli, justice*.

Excepté dans : *geai, geole, geolier, gageure*, et dans les verbes en *ger*, comme *il changea, nous changeons*; pour donner au *g* la prononciation du *j*, devant *a, o*, on le fait suivre d'un *e* muet.

487. — Devant *e, i*, on met ordinairement un *g* et non un *j*; ainsi, *gémir, gibier*.

Excepté : 1° dans *Jésus, Jéhovah, Jérémie, Jérusalem*, et dans beaucoup de substantifs propres où le *j* a remplacé l'*i* du mot primitif; 2° dans *je, jeter, jeu, jeudi, jeûne, jeûner, jeune, jeunesse, majeur, majesté*, et dans les dérivés de ces mots.

OBSERVATION. Pour compléter le chapitre de l'orthographe d'usage, nous donnerons la liste des mots commençant par *h* muette et de ceux qui commencent par *h* aspirée. — On n'y trouvera point tous les mots qui ne sont que des dérivés, leur orthographe étant, sous le rapport de la lettre *h*, ordinairement semblable à celle de leurs primitifs, qui sont mentionnés dans les listes ci-après.

483-484. Quels mots prennent la finale *tion*, et les finales *cion, ssion, sion*? — 485. Quand le son nasal s'écrit-il avec *m*? — 486-487. Devant quelles voyelles met-on la lettte *j*, et devant lesquelles met-on *g*? Quelles sont les exceptions?

488 — 1° MOTS COMMENÇANT PAR *h* MUETTE.

habile, *adj.*
habit, *s. m.*
habiter, *v.*
habitude, *s. f.*
haleine, *s. f.*
hallali, *s. m.*
hallucination, *s. f.*
hamadryade, *s. f.*
hameçon, *s. m.*
hanséatique, *adj.*
harmonie, *s. f.*
harpagon, *s. m.*
hebdomadaire, *adj.*
héberger, *v.*
hébéter, *v.*
hébreu, *s.* et *adj.*
Hécate, *n. pr.*
hécatombe, *s. f.*
hectare, *s. m.*
hectolitre, *s. m.*
hégire, *s. f.*
heiduque, *s. m.*
hélas, *interj.*
héliaque, *adj.*
hélice, *s. f.*
Hélicon, *n. pr.*
héliotrope, *s. m.*
Hellène, *n. pr.*
hématite, *s. f.*
hémi (demi). *adv.*
hémicycle, *s. m.*
hémisphère, *s. m.*
hémistiche, *s. m.*
hémorrhagie, *s. f.*
hémorrhoïdes, *s. f. pl.*
hépatique, *s. f.* et *adj.*
hépatite, *s. f.*
heptagone, *s. m.* et *adj.*
héraldique, *adj.*
Hérault, *n. pr.*
herbe, *s. f.*
Hercule, *n. pr.*
hérédité, *s. f.*
hérésie, *s. f.*
héritage, *s. f.*
héritier, *s. m.*
hermaphrodite, *adj.*
hermès, *s. m.*
hermétique, *adj.*
hermine, *s. f.*
Hérode, *n. pr.*
héroïde, *s. f.*
héroïne, *s. f.*
héroïque, *adj.*
héroïsme, *s. m.*
hésitation, *s. f.*
hésiter, *v.*
Hespérides, *n. pr.*
hétéroclite, *adj.*
hétérodoxe, *adj.*
hétérogène, *adj.*
heur, *s. m.*
heure, *s. f.*
heureux, *adj.*
hexagone, *adj.*
hexamètre, *adj.*
hiatus, *s. m.*
hibride, *adj.*
hidalgo, *s. m.*
hier, *adv.*
hiéroglyphe, *s. m.*
hilarité, *s. f.*
hippocrène, *s. f.*
hippodrome, *s. m.*
hippogriffe, *s. m.*
hippopotame, *s. m.*
hirondelle, *s. f.*
histoire, *s. f.*
histrion, *s. m.*
hiver, *s. m.*
hoirie, *s. f.*
holocauste, *s. m.*
hombre, *s. m.*
homélie, *s. f.*
homéopathe, *adj.*
Homère, *n. pr.*
homicide, *adj.*
hommage, *s. m.*
homme, *s. m.*
homogène, *adj.*
homologation, *s. f.*
homonyme, *s. m.* et *adj.*
honnête, *adj.*
honneur, *s. m.*
honoraires, *s. m. pl.*
hôpital, *s. m.*
horizon, *s. m.*
horloge, *s. f.*
hormis, *prép.*
horoscope, *s. m.*
horreur, *s. f.*
horripilation, *s. f.*
hortensia, *s. m.*
horticulteur, *s. m.*
hospice, *s. m.*
hospitalité, *s. f.*
hospodar, *s. m.*
hostie, *s. f.*
hostile, *adj.*
hôte, *s. m.* hôtel, *s. m.*
huile, *s. f.* huis, *s. m.*
huissier, *s. m.*
huître, *s. f.*
humain, *adj.*
humble, *adj.*
humecter, *v.*
humérus, *s. m.*
humeur, *s. f.*
humide, *adj.*
humilier, *v.*
humus, *s. m.*
hurluberlu, *s. m.*
hyacinthe, *s. f.*
hydraulique, *adj.*
hydre, *s. f.*
hydromel, *s. m.*
hydrophobe, *adj.*
hydropisie, *s. f.*
(*et tous les mots commençant par* hydro.)
hyémal, *adj.*
hyène, *s. f.*
hygiène, *s. f.*
hygromètre, *s. m.*
hymen, *s. m.*
hymne, *s. m.* et *f.*
hypallage, *s. m.*
hyperbate, *s. f.*
hyperbole, *s. f.*
hyperboréen, *adj.*
hypocondre, *adj.*
hypocras, *s. m.*
hypocrisie, *s. f.*
hypogée, *s. m.*

---

488. Quels sont les mots commençant par *h* muette? (Le maître prendra dans ces listes un mot quelconque, et en demandera l'orthographe.)

hypogyne, *adj.*
hypostase, *s. f.*
hypoténuse, *s. f.*
hypothèque, *s. f.*
hypothèse, *s. f.*
hysope, *s. f.*

489. — MOTS COMMENÇANT PAR *h* ASPIRÉE.

ha! *interj.* hâbler, *v.*
hache, *s. f.*
hachis, *s. m.*
hagard, *adj.*
Hagueneau, *n. pr.*
haie, *s. f.* haillon, *s m.*
Hainaut, *n. pr.*
haine, *s. m.* haïr, *v.*
haire, *s. f.*
halage, *s. m.*
hauban, *s. m.*
hâle, *s. m.*
hâlement, *s. m.*
haler et hâler, *v.*
haleter, *v.*
hallage, *s. m.*
halle, *s. f.*
hallebarde, *s. f.*
hallier, *s. m.*
haloir, *s. m.*
halte, *s. f.*
hamac, *s. m.*
Hambourg, *n. pr.*
hameau, *s. m.*
hampe, *s. f.*
hanap, *s. m.*
hanche, *s. f.*
hanebane, *s. f.*
hangar, *s. m.*
hanneton, *s. m.*
Hanovre, *n. pr.*
hanse, *s. f.* hanter, *v.*
happer, *v.*
haquenée, *s. f.*
haquet, *s. m.*
harangue, *s. f.*
haras, *s. m.*
harasser, *v.*
harceler, *v.* harder, *v.*
hardes, *s. f. pl.*
hardi, *adj.*
harem, *s. m.*
hareng, *s. m.*
hargneux, *adj.*
haricot, *s. m.*
haridelle, *s. f.*
Harlem, *n. pr.*
harnais, *s. m.*
harpe, *s. f.* harper, *v.*
harpie, *s. f.*
harpon, *s. m.*
hart, *s. f.*
hasard, *s. m.* hase, *s. f.*
haste, *s. f.* hâte, *s. f.*
haubans, *s. m pl.*
haubert, *s. m.*
hausse, *s. f.*
haut, *s. m.* et *adj.*
hautbois, *s. m.*
Havane, *n. pr.*
hâve, *adj.*
havir, *v.* hâvre, *s. m.*
havre-sac, *s. m.*
la Haye, *n. pr.*
hé! *interj.*
heaumier, *s. m.*
héler! *v.* hem! *interj.*
hennir, *v.*
héraut, *s. m.*
hère, *s. m.* hérisser, *v.*
hérisson, *s. m.*
hernie, *s. f.*
Hernutes, *n. pr. m. pl.*
héron, *s. m.*
héros, *s. m.* (*L'h est muette dans les dérivés.*)
herse, *s. f.* hêtre, *s. m.*
heu! *interj.*
heurter, *v.*
hibou, *s. m.*
hic, *s. m.* hideux, *adj.*
hie, *s. f.*
hiérarchie, *s. f.*
hisser, *v.*
hobereau, *s. m.*
hoche, *s. f.* hocher, *v.*
holà! *interj.*
Hollande, *n. pr.*
Holstein, *n. pr.*
homard, *s. m.*
Hongrie, *n. pr.*
honnir, *v.*
honte, *s. f.*
hoquet, *s. m.*
hoqueton, *s. m.*
horde, *s. f.*
horion, *s. m.*
hors, *prép.*
hotte, *s. f.*
Hottentots, *s. m. pl.*
houblon, *s. m.*
houe, *s. f.*
houille, *s. f.*
houle, *s. f.*
houlette, *s. f.*
houppe, *s. f.*
houppelande, *s. f.*
hourder, *v.*
houri, *s. f.*
hourvari, *s. m.*
houspiller, *v.*
houssard, hussard et huzard, *s. m.*
houssaie, *s. f.*
housse, *s. f.*
houssine, *s. f.*
houx, *s. m.*
hoyau, *s. m.*
huche, *s. f.* hucher, *v.*
huchet, *s. m.*
huée, *s. f.* huer, *v.*
huguenot, *s. m.*
huit, *adj.* hulan, *s. m.*
hulotte, *s. f.*
humer, *v.*
Huns, *n. pr. pl.*
hune, *s. f.*
huppe, *s. f.*
hure, *s. f.*
hurhaut, *s. m.*
hurler, *v.*
Hurons, *n. pr. pl.*
hustings, *s. m. pl.*
hutte, *s. f.*

---

489. Quels sont les mots commençant par *h* aspirée?

FIN DE LA PREMIÈRE PARTIE.

TABLE DES MATIERES.

PREMIÈRE PARTIE.

GRAMMAIRE ÉLÉMENTAIRE.

CHAPITRE PRÉLIMINAIRE.

NOTIONS GÉNÉRALES.

CHAPITRE Ier. — DU SUBSTANTIF.

CHAP. II. — DE L'ARTICLE.

CHAP. III. — DE L'ADJECTIF.

CHAP. IV. — DU PRONOM.

CHAP. V. — DU VERBE.

FIN DE LA TABLE DE LA PREMIÈRE PARTIE.

COURS CLASSIQUE ET RAISONNÉ DE LANGUE FRANÇAISE

ET LIVRES D'EXERCICES

PAR ADR. GUERRIER DE HAUPT

1° Enseignement élémentaire.

GRAMMAIRE ÉLÉMENTAIRE (1re partie de la grammaire complète). 1 vol. in-12, cart. 1 fr.

DICTÉES GRAMMATICALES, avec *Exercices analytiques* et *orthographiques*, servant d'application à la *Grammaire Élémentaire*. — Ouvrage entièrement composé de pensées morales et de citations intéressantes, empruntées aux meilleurs auteurs. 1 vol. in-12, cart. 1 fr.

(Ce dernier ouvrage est sous presse.)

2° Enseignement supérieur et professionnel.

GRAMMAIRE COMPLÈTE, comprenant : 1re partie, *Grammaire élémentaire*; — 2e partie, *Grammaire complémentaire*, avec Méthode d'*analyse logique*, Traité de la *ponctuation*, et APPENDICE, ayant pour objets : les principales Difficultés des *acceptions* et de la *synonymie*, le Corrigé des *locutions vicieuses*, et les Difficultés de la *prononciation*. 1 fort. vol. in-12.

NOTA. La 2e partie de la grammaire complète paraîtra incessamment, ainsi que les ouvrages suivants, qui sont tous terminés, et que des prospectus annonceront à MM. les Instituteurs, aussitôt qu'ils seront mis en vente.

DICTÉES LITTÉRAIRES, avec *Études grammaticales* sur les principales difficultés de la Langue française. — *Morceaux choisis* pour la *lecture* et la *récitation*, et pour servir à l'éducation *religieuse, morale et littéraire*, dans les écoles supérieures et les institutions de demoiselles. 1 fort vol. in-12.

MODÈLES ET CORRIGÉS des *Études grammaticales* annexées aux dictées littéraires. — *Livre-guide* du maître et des élèves, et *Manuel d'examen* grammatical pour les aspirants et les aspirantes au brevet de capacité, et pour les candidats aux écoles du Gouvernement. 1 vol. in-12.

EXERCICES SYNTAXIQUES, composés exclusivement de citations en prose et en vers, avec *Questionnaire*, pour servir d'application à la *grammaire complémentaire*. — Ouvrage donnant la solution des difficultés de la langue, *par la pratique des Auteurs français*. 1 fort. vol. in-12.

3° Enseignement préparatoire.

ALPHABET GRAMMATICAL. — *Premiers Exercices d'orthographe*, avec simples *Notions pratiques*, pour servir d'introduction à l'étude de la grammaire. 1 vol. in-12.

PETIT VOCABULAIRE ORTHOGRAPHIQUE DES HOMONYMES, avec *Exercices de dictées orales* ou *écrites*, pour apprendre aux enfants à épeler ou à écrire les mots homonymes d'après leur signification. 1 vol. in-12.

PARIS. — IMP. PILLET FILS AÎNÉ.

www.ingramcontent.com/pod-product-compliance
Ingram Content Group UK Ltd.
Pitfield, Milton Keynes, MK11 3LW, UK
UKHW022108190726
13855UKWH00002B/717

9 782013 074940